KB041902

평범해도
좋은
엄마는
될 수 있다

아이 셋 키우는 보통 워킹맘의 자녀교육

평범해도 좋은 엄마는 될 수 있다

초판 1쇄 인쇄일 2018년 4월 3일
초판 1쇄 발행일 2018년 4월 11일

지은이 안주희
펴낸이 양옥매
디자인 표지혜
교 정 조준경
편 집 허우주

펴낸곳 도서출판 책과나무
출판등록 제2012-000376
주소 서울특별시 마포구 방울내로 79 이노빌딩 302호
대표전화 02.372.1537 **팩스** 02.372.1538
이메일 booknamu2007@naver.com
홈페이지 www.booknamu.com
ISBN 979-11-5776-545-4(03300)

이 도서의 국립중앙도서관 출판시도서목록(CIP)은 서지정보유통지원 시스템
홈페이지(http://seoji.nl.go.kr)와 국가자료공동목록시스템
(http://www.nl.go.kr/kolisnet)에서 이용하실 수 있습니다.
(CIP제어번호 : CIP2018010230)

평범해도
좋은
엄마는
될 수 있다

아이 셋 키우는 보통 워킹맘의 자녀교육

안주희 지음

책과나무

● 이 책을 손에 들어 주신 독자님들께 ●

안녕하세요!

독자님께서 들고 계신 이 책의 저자 안주희입니다.

먼저 수많은 책 중 이 책을 손에 들어 주셔서 정말 감사합니다. 제목을 보고 목차를 본 후 이 글을 읽으셨을 텐데요, '이 사람은 무슨 이야기를 하려고 이 책을 썼나!'라는 생각으로 들춰 보셨으리라 생각됩니다. 왜 그렇게 생각했냐고요? 제가 책을 볼 때 그렇게 보기 때문입니다.

책을 읽는다는 것은 내가 모르는 어떤 사람과 말없이 대화하는 거라고 생각합니다. 그것도 시공간을 초월해서 말이죠.

비록 한 사람의 말을 일방적으로 듣는 대화지만 경청하는 힘을 기를 수 있고, 상대방의 기분을 염려하지 않고 비판도 할 수 있고 또 듣기 싫을 땐 언제든지 입을 닫아 버릴 수 있는 것이 책 읽기라고 생각합니다.

'양육 전문가도 아니고 글을 쓰던 작가도 아닌 평범한 사람이 무슨 할 말이 있어 책까지 썼을까!' 하셨을 겁니다. 하지만 아이러니하게도 전문가가 아니어서 작가가 아니어서 글을 쓰게 되었습니다. 왜냐하면 세 명의 아이들과 함께 살면서 겪었던 일들을 시공간을 초월해 많은 엄마들과 나누고 싶었기 때문입니다.

요즘 인기 있는 책들은 대부분 허를 찌르는 반전과 힘겨운 역경을 딛고 극적으로 성공하는 스토리가 많습니다. 읽고 나면 전해 오는 감동의 물결이 말할 수 없을 정도의 훌륭한 이야기들이지만, 평범한 내 인생과는 너무도 다른 이야기여서 나도 할 수 있을 거란 마음이 쉽게 생기지 않았습니다.

그러던 중 '노멀크러시(Normal Crush)'라는 말을 알게 되었습니다. '평범한'을 뜻하는 '노멀(normal)'과 '반하다'를 뜻하는 '크러시(crush)'의 합성어로 화려하고 자극적인 것에 질린 사람들이 평범함에 눈을 돌리는 현상이라고 하는데, 저는 그 말을 듣고 MSG가 생각났습니다.

MSG가 들어간 음식을 먹을 땐 정말 맛있습니다. 하지만 자극적인 맛이 녹아 있는 음식을 자주 먹다 보면 집 밥이 그리워집니다. 책도 마찬가지라고 생각합니다.

이 책은 집 밥처럼 평범하고 사소한 일에서 깨달은 것들을 글로 옮겼기에, 책을 썼다기보다는 삶을 썼다는 표현이 적당할 것 같습니다. 직장을 다니며 아이 셋을 키우고 있는 한 여자의 평범한 삶을 들여다보면서 일상이 주는 소중함을 뒤돌아보시고 순간에 담겨 있는 행복을 찾으시길 기도하겠습니다.

2018년 따뜻한 봄날
안주희 드림

목차

여행 :

가족

아이는 부모가 믿는 대로 자란다.

그래서 나는 오늘도 아이들의

행복한 삶, 가치 있는 삶을 위해

또 하나의 믿음을 만들어 본다.

나 때문에 없앤
그것

·
·

    우리 집에는 TV가 없다. 정확히 얘기하면 있지만 태어난 이유를 다하지 못한 채 뒤 베란다로 추방당해 있다. 우리 집에 TV가 없다는 것을 알게 된 사람들은 대부분 이렇게 말한다.

    "와! 대단하다. 어떻게 TV를 안 볼 수가 있지?"
    "나는 나 때문에 안 돼."
    "독하군……."

불가능한 일을 하는 사람처럼 신기하게 바라보고 아이들을 잘 키우기 위해 노력하는 부모로 인식한다. 하지만 내가 처음 TV를 없앴던 이유는 나 때문이었다.

TV만 봤다 하면 삼매경에 빠져 시아버지가 몇 번을 불러도 듣지 못하고 TV 속으로 빨려들어 갔다. 정말 놀라운 집중력이 아닐 수 없었다. 필요할 때에는 생기지 않던 집중력이 이상하게도 TV만 보면 생겨났다. 이러한 놀라운 집중력 때문에 TV를 보는 것이 내게는 위험한 일이 되어 버렸다.

TV가 문제 된 것은 내가 셋째를 낳고 휴직했을 때부터다. '지금이 아니면 이렇게 예쁜 세 명의 아이들과 오롯이 보낼 수 있는 시간이 내 인생에 또 있을까?'라는 생각에 휴직을 결심했다.

야심찬(?) 마음으로 네 살, 세 살, 한 살의 한시라도 눈을 떼면 안 되는 세 명의 아이들과 황금 같은 시간을 보내게 되었지만 그 소중한 시간을 방해한 것이 있었으니, 바로 TV였다. 아이들에게 향해 있어야 할 눈이 TV로 향해 있었고, 이로 인해 아이들을 위해 시작했던 휴직이 아무 의미 없이 지나

가고 있었다. 그래서 결국 나는 나 때문에 TV를 과감히 치워 버렸다.

생각해 보니 집안의 명당은 가족들과 가장 많은 시간을 보낼 수 있는 거실인데, 나는 그 명당을 TV에게 내주고 운이 트이길 바랐던 것이다. 그래서 나는 TV를 안 쓰는 방으로 옮긴 후, 그 자리에 책장을 들여놓고 집에 있던 모든 책들을 꽂았다.

그러고 나니 내 스스로가 달라졌다. 눈앞에서 사라지는 것만으로도 내 행동이 변화된 것이다. 당연히 양육의 질은 높아질 수밖에 없었다. 습관적으로 TV를 찾는 것도 잠시, TV를 보러 뒷방 가는 것이 귀찮아 차츰 보는 횟수가 줄어들었고, 8년이 넘은 지금 우리 집 TV는 모든 기능을 상실한 채 뒤베란다로 쫓겨나 있다.

뒤돌아보니 정말 잘한 결정이었다. 만약 그때 TV를 치우지 않았다면 지금 우리 아이들의 모습은 없었을 것이다. TV의 사라짐이 나뿐만 아니라 부모님과 아이들에게까지 아주 좋은 영향을 미쳤기 때문이다.

먼저 나에게 온 변화는 책을 읽기 시작했다는 것이다. 처음 휴직을 하면서 아이들과 보내는 시간을 알차고 유익하게 보내겠다고 굳게 마음먹었다. 좋은 엄마가 되기 위해서는 알아야 할 것들이 정말 많았는데, 그것들을 배우는 방법으로 책이 가장 쉽고 편했기 때문이다.

그러나 평소 읽지 않았던 책이 읽힐 리 없었고, 이런 상황에 TV는 내 결심을 방해하는 최고의 원인 제공자가 되었다. 하지만 TV를 없애고 나니 그 공허함을 메꾸기 위해서라도 책을 읽게 되었고, 그렇게 좋은 엄마가 되는 연습을 꾸준히 해나갈 수 있었다.

또, 아이들은 셋이서 재미있게 노는 방법을 자연스럽게 터득해 갔다. 책장에 있는 모든 책을 꺼내서 책 쌓기 놀이를 하는가 하면, 소파 등받이와 쿠션을 모두 바닥에 늘어놓고 징검다리 놀이를 하기도 했다. 부엌에 있는 모든 살림을 가져와 난타놀이를 했고, 빨아서 널어놓은 이불로 동굴놀이도 했다.

둘째가 네 살이었을 때였던 것 같다. 줄넘기 손잡이 부분을 소파 쿠션 지퍼를 열어 끼워 넣고는 집에서 타고 다니던 장난감 말에 걸어 이리저리 끌고 다니는 것이었다. 나는 궁금해서 물었다.

"지환아! 지금 뭐하고 있는 거야?"

"엄마! 지금 강아지 산책시키고 있어요!"

라며 해맑게 웃던 아이의 모습이 아직도 생생하다.

TV의 사라짐은 나와 아이들뿐만 아니라 부모님에게까지 좋은 영향을 미쳤다. TV가 없으니 아이들이 할머니, 할아버지 집에 가는 것을 무척 좋아하게 되었다. 그곳에 가면 친구들에게서 말로만 듣던 화려한 만화 주인공들이 눈앞에 펼쳐졌고, 그것을 보고 싶어 할머니 집에 오래도록 머물고 싶어 했다.

손자들이 늘 보고 싶은 부모님께서는 아이들이 놀러 오는 것도 기쁜데, 오면 자고 간다고 하니 정말 기특해하셨고, 우리 부부는 그렇게 자연스레 부모님께 효도를 할 수 있었다. 그리고 아이들이 할머니 집에서 자는 날이면 가끔 남편과 심야영화를 보는 즐거움도 맛볼 수 있었다.

하지만 주위에서는 TV가 없는 우리 집을 보고 이렇게 말하곤 했다.

"TV를 없애면 아이들이 공감대 형성이 안 돼서 왕따 당한다던데."

올해 3월, 우리 아이들은 초등학교 6학년, 5학년, 3학년이 되었고, TV가 없어도 지금까지 친구들과 아주 잘 지내고 있다. 부모님 집에 가서 한꺼번에 밀린 만화공부를 해온 덕분인지 모르겠지만, 공감대 형성이 어려워 친구들과 소통을 못하는 경우는 아직까지 없다.

예전에 한창 TV는 바보상자라며 무조건 안 좋다는 편견이 가득했었던 때가 있었다. 그 시절에 비하면 지금은 TV에 대한 긍정적인 의견이 많아진 시대이고, 나 또한 TV가 부정적인 영향만 준다고는 생각하지 않는다. 훌륭한 정보를 집 안에 편하게 앉아 얻게 해 주는 물건으로 잘 활용하면 아이들이 커 가는 데 많은 도움을 얻을 수 있다.

하지만, 나처럼 아이들을 바라봐야 할 때 눈을 TV에 몽땅 빼앗겨 버린 엄마들이라면 과감하게 없애 버릴 것을 권한다.

그리고 그 눈으로 아이들을 바라보라고 말해 주고 싶다. 햇빛을 받아 나무가 자라나듯 아이들도 엄마의 따뜻한 눈빛을 받고 무럭무럭 자라나기 때문이다.

존댓말
vs 반말

•
•

나는 남편을 처음 만났을 때부터 지금까지 존댓말을 하고 있다. 그래서인지 남편에게 존댓말 하는 일이 마치 숨 쉬는 일처럼 의식되지 않는다. 내가 존댓말로 남편과 통화하는 것을 본 직장 동료들과 가끔 이런 대화가 오간다.

"누구랑 통화하는 거야?"

"남편이요."

"남편한테 존댓말을 해?"

통화 대상이 남편이라는 소리를 듣는 순간, 외계인과 통화

한 것을 보기라도 한 것처럼 놀라곤 한다. 존댓말을 하지 않고 사는 부부는 존댓말을 하는 부부의 대화가 무척 어색하게 들리는 모양이다.

나 또한 원래 존댓말을 쓰던 사람이 아니었다. 나를 낳아 길러 주신 부모님께도 "엄마! 그랬대? 저랬대?"라며 반말로 얘기했고, 대학 다닐 때도 웬만한 선배들에게는 모두 반말을 사용했다. 그래야 친해질 수 있다고 생각했고, 그래야 친한 사이라고 생각했기에 존댓말의 필요성을 느끼지 못하고 살아왔다.

그러다가 남편을 만났다. 소개를 받은 후 몇 번 만났지만 왠지 반말을 할 수 없는 느낌에 말을 놓을 수 없었고, 그것이 습관으로 자리 잡을 때쯤 부부가 되었다.

존댓말을 쓰다 보니 좋은 점이 있었다. 일단은 부부간 싸움이 커지지 않는다는 것이다. 존댓말은 감정 그대로 말할 수 없게 만들었고, 그러다 보니 싸움 도중 오고 가는 말실수 때문에 생기는 추가적인 싸움이 벌어지지 않았다.

또 하나는 친정 부모님께 존댓말을 쓰게 되었다는 것이다. 나보다 3년 먼저 태어난 남편에게는 "그랬어요? 저랬어요?"라며 깍듯이 존댓말을 하면서, 나보다 20년 넘게 먼저 태어난 부모님께는 "그랬대? 저랬대?"라며 반말을 하고 있는 내 자신이 부끄럽게 느껴졌다. 그리고 나는 이런 부끄러움 때문에 부모님께 존댓말을 시작하게 되었다.

처음에는 무척 어색했다. 몇십 년 동안 굳어진 언어습관을 하루아침에 고치기는 정말 어려웠다. 하지만 부모님께 반말로 이야기할 때마다 느껴지는 부끄러움보다 존댓말의 어색함이 더 참을 만했기에, 그렇게 한 번 두 번 연습하다 보니 자연스럽게 존댓말을 사용할 수 있게 되었다.

존댓말 사용 후 부모님과의 관계도 더욱 좋아졌다. 부모님과 이야기를 하다 보면 기분이 상하는 경우가 종종 있었다. 기분이 상하니 화를 내게 되고, 화를 내다 보니 대화가 단절되어 서로에게 상처로 남는 경우가 많았다. 하지만 존댓말을 사용하면서 알게 되었다. 그동안 부모님과 나와의 대화 단절에는 나의 반말이 큰 몫을 차지하고 있었다는 사실을 말이다.

존댓말을 하면서 부모님께 예의바르게 말하기 시작하자 부모님 또한 딸에게 존중받고 있음을 느끼게 되었고, 관계는 당연히 좋아질 수밖에 없었다. 하지만 무엇보다도 내가 남편에게 존댓말 사용을 잘했다고 생각한 가장 큰 이유는 아이들 때문이었다.

　나는 아이들에게 존댓말을 가르친 적이 없다. 그럼에도 우리 아이들은 말문을 트고 말하기 시작했을 때부터 자연스럽게 존댓말을 썼다. 아마 태어난 후 말을 하는 많은 사람들을 접하면서 말에는 반말과 존댓말이 있음을 스스로 알게 된 것 같다. 내가 우리 아이들이 존댓말을 쓰고 있음을 인식하게 된 것도, 다른 사람들이 우리 아이들에게 하는 말 때문이었다.

　"어! 너희들 부모님께 존댓말을 하는구나!"

　라며 우리 아이들의 언어를 주의 깊게 듣고 칭찬해 주는 분들이 많았다. 집에서는 존댓말이 자연스러운 일이라 특별히 존댓말에 대한 인식을 못했는데, 집에서 반말을 사용하고 있는 가족들에게는 이 또한 다르게 느껴졌던 것이다.

다른 사람들의 소감을 들으면서 나의 언어습관이 아이들에게 자연스럽게 익혀졌음을 알게 되었고, 존댓말로 결혼 생활을 시작한 것이 여러 가지로 잘한 일임을 새삼 실감할 수 있었다.

　그렇다고 해서 반말이 나쁘다는 것이 아니다. 분명 반말에는 존댓말은 담기 어려운 친화력이 있다. 어쩌면 그 친화력이 존댓말을 쓰는 사람들보다 더 많은 사람들과 좋은 관계를 맺으며 사회생활을 하는 데 도움이 될 수도 있다.

　하지만 반말에서는 상대방을 존중하는 마음이 느껴지지 않는다. 이 때문에 반말로 대화하다 보면 어떤 상황이 문제 상황으로 번지는 경우가 종종 생긴다. 사람들은 상대방에게 무시당한 것 같은 느낌이 들었을 때 마음이 상하고 관계가 악화되는데, 존댓말보다는 반말이 그런 느낌을 더 많이 준다.

　이는 아이들과의 관계에서도 마찬가지이다. 관계가 좋을 때는 아이들이 하는 반말이 친근하고 귀엽게 들리지만, 갈등 상황에서 듣게 되는 아이들의 반말은 부모를 무시하는 느낌으로 다가와 화를 돋우기 때문이다.

단지 언어습관일 뿐이지만 관계에서 만만치 않은 역할을 하는 것이 존댓말과 반말이다. 존댓말이든 반말이든 말을 할 때는 늘 상대방을 존중하는 마음을 가져야 한다. 하지만 둘 중 하나를 선택해야 한다면 상대방을 높여 주는 존댓말을 선택하는 것이 내 삶을 위한 현명한 선택이 될 것이다.

회의하는
가족

우리 가족은 회의를 한다. 막내까지 초등학교에 입학한 후로는 꾸준하진 않지만 한두 달에 한 번씩 가족회의를 열고 있다. 다섯 명이 하는 놀이 같은 회의지만, 나름 식순도 있다.

〈1부〉

1. 개회 선언

2. 15초 동안 박수치면서 웃기

3. 아버지 또는 어머니 인사 말씀

4. 서로 칭찬하기

5. 가족에게 바라는 점 이야기하기

6. 안아 주기

7. 폐회 선언

〈2부〉

치킨 먹기!!!

사실 우리 집 가족회의는 치킨을 먹기 위해 시작되었다. 평소 야식이나 외식을 즐겨하지 않기에 치킨 먹는 날은 아이들에게 명절과 같이 설레는 날이다. 치킨을 곧 먹을 수 있다는 기대감을 발판 삼아, 온 가족이 빙 둘러앉아 서로에게 칭찬도 해 주며 평소 하고 싶었던 이야기를 공식적으로 할 수 있는 소통의 자리를 만들었다.

처음엔 여간 어려운 일이 아니었다. 아이들이 모두 초등학생이어서 약 15분 정도의 회의는 어렵지 않게 진행될 거라 생각했는데, 막상 해 보니 서로 진행자를 하겠다고 다투었고,

가족들끼리였지만 한곳에 모여앉아 모두가 자신을 바라보니 부끄러워 말도 잘 못했다.

또 진행자가 회의 도중 다른 곳을 바라보거나 거실을 돌아 다니는 등 회의에 집중하지 못하는 일이 잦아, 과연 가족회 의를 시작한 것이 잘한 일인지 의심스러웠다. 그뿐만 아니라 평소 자신이 좋아하는 가족에게만 칭찬을 했고, 바라는 점을 이야기할 때는 쌓여 왔던 불만을 늘어놓아 기분이 상하기도 했다. 더욱이 치킨 냄새가 솔솔 풍기는 공간에서 회의를 하 다 보니, 빨리 회의를 끝내고 치킨을 먹고 싶어 하는 아이들 의 마음만 온몸에서 전해졌다. 또 15초 동안 웃는 시간이 15 분처럼 느껴졌다.

하지만 회를 거듭하면서 조금씩 달라지는 아이들을 볼 수 있었다. 돌아가면서 회의를 진행하기로 협의를 하면서 다툼 이 사라졌고, 진행 실력도 조금씩 좋아지기 시작했다. 또 어 색하기만 했던 15초 동안의 웃음은 어느새 우리 가족을 배가 아플 때까지 웃게 만들었다.

그리고 '서로에게 칭찬하기' 순서는 자신을 뺀 모든 가족에게 칭찬의 말을 전하는 것으로 규칙을 정했더니 평소 다툼이 많았던 사이에도 칭찬의 말이 오가면서 조금씩 서로에 대한 마음을 열 수 있게 되었다.

바라는 점 이야기하기 시간에는 불만과 함께 앞으로 바라는 모습을 말하도록 했다. 이 시간 덕분에 불만의 대상이었던 사람은 생각지 못했던 자신의 모습을 객관적으로 바라볼 수 있게 되었고, 불만을 말했던 사람은 구체적인 해결책을 제시해 볼 수 있게 되었다. 그리고 아이들은 그 과정을 통해 조금씩 성장해 나갔다.

그렇게 회의 내용이 조금씩 알차게 변해 가니, 안아 주기 시간에는 진심을 담아 서로를 안아 줄 수 있게 되었다. 특히 연년생으로 태어나 다툼이 잦은 큰아이와 둘째가 서로를 진심으로 안아 주는 모습을 볼 때는 나도 모르게 눈물이 났다. 역시 진심은 늘 감동을 낳음을 또 한 번 느낄 수 있는 순간이었다.

가족회의를 통해 얻은 것이 또 한 가지 있다. 바로 아이들의 말하기 실력이다. 얼마 전 시아버지의 칠순잔치에서 보여 드릴 영상 메시지를 만들기 위해 동영상을 찍기로 했다. 나는 세 아이들에게 한 사람씩 돌아가며 하고 싶은 말을 할 테니 무슨 말을 할지 미리 생각해 놓으라고 했다.

그리고 대망의 영상을 찍는 시간! 큰아이는 이렇게 말했다.

"할아버지! 할아버지 집에 가면 늘 할아버지가 좋은 이야기를 많이 해 주셔서 저한테 도움이 많이 돼요. 정말 고맙습니다. 사랑해요!"

그리고 둘째는,

"할아버지! 제가 아플 때 할아버지가 잘 보살펴 주셔서 정말 감사했어요. 고맙습니다!"

라고 자신 있게 말했다.

또, 막내는

"할아버지! 할아버지랑 두는 바둑이 제일 재미있어요! 앞으로도 저랑 대국 많이 해 주세요!"

라고 막힘없이 말했다.

나는 영상을 찍으면서 무척 놀랐다. 할아버지께 전하고 싶은 말을 스스로 생각했다는 것이 놀라웠고, 그 생각을 말로 표현했다는 것이 대견스러웠다. 다른 아이들에게는 일상일지 모를 작은 일이지만, 나에게는 아이들이 변해 가는 모습을 직접 확인하는 순간이었기에 큰 감격으로 다가왔다.

　가족회의를 마치고 나면 2부 순서로 치킨을 먹는다. 회의를 하는 동안 식어 버렸지만, 이 세상 어떤 치킨과 비교할 수 없을 정도로 맛있다. 서로를 칭찬해 주며 서로에게 쌓여 있던 감정을 훌훌 털어 버리고, 그 공간을 사랑으로 채운 후에 먹는 치킨은 이 세상 어떤 양념으로도 흉내 낼 수 없는 최고의 맛을 자랑한다.

　지금도 우리 집은 치킨이 먹고 싶을 때면 가족회의를 연다. 하지만 회의 후에 먹는 치킨의 맛은 아무 때나 먹는 치킨의 맛과는 아주 다르다는 것을 아이들은 아직 눈치 채지 못했을 것이다. 가족회의는 맛있는 치킨을 더 맛있게 만드는, 나만 아는 비밀 양념이기 때문이다.

꾸준히 하는 자에게
선물이

•
•

　아이들이 유치원에 다닐 때였다. 사무실에서 함께 일하는 언니에게 아이가 학원을 끊고 싶어 한다는 이야기를 들은 적이 있다. 아이들이 유치원에 다니던 때라 나에게는 아직 먼 이야기라는 생각이 들었고, '학원을 끊는다'는 표현이 왠지 마음에 들지 않았던 기억이 있다. 그리고 어느덧 시간이 흘러 내 아이도 초등학교에 입학하게 되었다.

　학기가 시작되고 얼마 후 방과 후 교실 신청서를 가지고 왔다. 피아노, 미술, 공예, 한자, 컴퓨터, 바둑 등등 한 주에 두세 번씩 학교 수업이 종료된 후에 하고 싶은 학습을 신청하는 신청서였다.

나는 초등학교 때는 많이 놀아야 건강하게 자란다는 믿음이 있었기에 아이가 원하기 전까지는 어떤 사교육도 시키지 않기로 마음먹었고, 그 마음으로 아이에게 방과 후 교실에서 하고 싶은 것이 있는지 물었다. 아이는 컴퓨터와 미술을 하고 싶어 했다. 그래서 나는 말했다.

"지윤아! 지윤이가 선택했으니까 무슨 일이 있어도 방학하기 전까지는 해야 해. 중간에 못 하겠다 안 하겠다 끊어 달라고 해도 엄마는 들어줄 수 없으니까 잘 선택해서 결정하렴!"

초등학교 1학년. 무언가를 스스로 선택한다는 것이 정말 어려운 나이이다. 어린 나이에 혼자 내린 선택이 아이의 인생에 얼마만큼 도움이 될 수 있을지는 미지수이다. 하지만 나는 아이의 입에서 '방과 후를 끊고 싶다'라는 표현은 듣고 싶지 않았다. 그 표현 속에는 '내가 원할 때면 아무 때라도 그렇게 할 수 있다!'라는 의미와 함께 무책임함이 느껴졌기 때문이다. 그리고 선택에는 책임이 따른다는 것을 어려서부터 알기를 바랐다.

이러한 배경 속에서 큰아이는 미술과 컴퓨터를 선택해 배우기 시작했고, 중간에 미술에 흥미를 느끼지 못해 은근히 그만두고 싶어 하는 눈치였지만, 그만두고 싶다는 말은 하지 않았다. 그리고 그렇게 6개월이 지났다.

여름방학을 앞두고 방과 후 교실 신청서가 다시 배부되었고, 큰아이는 6개월 동안 참아 왔던 미술을 그만두었다. 그리고 그 후 초등학교 6학년인 지금까지 꾸준히 해온 컴퓨터를 통해 성취감을 맛보기 시작했다.

2학년이 되면서부터 자격증 시험을 보기 시작해 6학년인 지금까지 총 일곱 개의 자격증을 취득했다. 그리고 그렇게 쌓은 실력으로 학교 수업에 필요한 자료를 자유자재로 만들어 내고 있다. 최근 사드 배치에 대한 찬반토론에서 반대토론자를 맡았다며, 찬성자를 설득하기 위한 자료를 파워포인트로 만들었다. 애니메이션 효과를 살려 만들어 낸 자료가 생각했던 것보다 꽤 괜찮았다.

나는 첫째 아이 때의 일을 경험 삼아 둘째 아이도 하고 싶은 것을 스스로 선택하게 했다. 둘째 아이의 선택은 공예였다. 손수 만든 작품이 자신의 소유가 된다는 점과 성취감을 바로바로 느낄 수 있다는 점에 매력을 느낀 것 같았다.

그리고 막내는 바둑을 선택했다. 1학년 시작과 함께 꾸준히 해온 덕분에 작은 바둑대회에 나가 2만 원의 상금을 받기도 했고, 할아버지 집에 놀러 갈 때면 할아버지와 함께 바둑을 두며 60년의 나이 차이를 뛰어넘는 소통을 하고 있다.

아이들에게 스스로 선택하게 하고 선택한 것을 꾸준히 하게 한 결과, 아이들은 성취감을 맛보며 자존감 또한 향상될 수 있었다. 또, 아이들의 선택을 통해 각자의 성향을 살필 수 있었다.

하지만 꾸준히 하도록 격려하는 일이 쉽지만은 않다. 둘째가 공예를 꾸준히 잘하다가 4학년이 되어 갑자기 공예도 안하고 싶고 유일하게 다니던 피아노 학원도 그만두고 싶다고 선언한 것이다. 많은 이야기 끝에 하던 것을 그만두고 한자와 독서논술을 하기로 결정했다.

하지만 몇 달 후, 다시 독서논술을 그만하고 싶다고 말해 왔다. 이유는 독서논술 선생님이 예쁜 말을 쓰지 않는다는 것이었다. 나는 또 한 번의 고민 끝에 아들이 원하는 대로 하도록 했다.

그러자 며칠 후에 한자도 그만하고 더 많이 놀고 싶다고 말해 왔다. 이때는 어떻게 반응해야 할지 정말 난감했다. 그래서 아무 말도 못하고 못 들은 척 집안일을 했다. 집안일을 마무리하고 침대에 누웠는데, 아들이 살며시 침대로 들어왔다.

"엄마! 가슴이 막 답답해요!"

그리고는 한자를 그만하고 싶다는 이야기를 다시 꺼냈다. 더 이상 피할 곳이 없다는 생각에, 둘째에게 '꾸준함'에 대한 이야기를 해 주었다.

"지환아! 무언가를 꾸준히 하는 일은 정말 어려운 일인 것 같아! 엄마도 진짜 힘들어서 그만두고 싶을 때가 있었어. 그런데 그만두고 싶은 답답한 마음을 한 번만 참고 이겨 내면 마음이 단단해진다! 그 순간을 이겨 내서 단단해지면 나중에는 안 힘들게 돼. 그러니까 지환이 마음이 단단해지도록 조금만 참아 보자!"

라고 말해 주었더니, 뚝뚝 눈물을 흘렸다. 그 눈물이 무슨 의미였는지는 나도 잘 모르겠다. 이야기를 듣고 눈물을 흘리는 아들을 꼭 안아 주며 답답한 마음은 조금 괜찮아졌는지 물었다. 그랬더니,

"마음이 시원하긴 한데, 아직도 여기가 간질간질해요!"

라며 심장 근처를 문질렀다. 아직도 압박은 남아 있었던 모양이다. 나도 모르게 웃음이 새어 나왔다. 나 또한 중요한 시험이나 발표를 앞두고 가슴 한구석에서 짓누르는 듯한 압박을 느껴 보았기에 아들의 마음이 어떤지 알 것 같았고, 자기의 마음을 이렇게 표현해 낸 아들이 기특했다. 둘째가 이 시련을 곧 이겨 낼 수 있을 것 같은 예감이 들었다.

어른들이 생각했을 때는 아무 일도 아닌 것 같은 일들이 아이들에게는 엄청나게 큰일로 다가와 가슴을 짓누르곤 한다. 그때 그 마음에 공감해 주고, 엄마도 그랬다며 이겨 내면 더 단단해질 거라고 말해 주면 아이는 힘을 얻는다는 걸 깨달았다.

스스로 선택하게 하고 꾸준히 하도록 격려하는 일은 결코 쉬운 일이 아니다. 하지만 어렵더라도 포기하지 않고 꾸준히 하는 습관을 길러 준다면, 분명 아이의 인생에 큰 선물이 될 거라 믿는다.

사랑
심기

∙
∙

아이들과 기분 좋은 추억을 만들 수 있는 가장 좋은 시간은 잠들기 전이다. 아이들이 나와 떨어져 지낸 시간 동안 누구와 무엇을 하고 어떤 생각을 하며 하루를 보냈는지 가장 여유 있는 마음으로 들을 수 있는 시간이기 때문이다.

그래서 나는 '아이들과 잠들기 전 시간을 어떻게 보낼까?'라는 고민을 자주 했고, 이것저것 시도를 많이 했다. 한자리에 빙 둘러앉아 촛불을 켜 놓고 하루 중에 가장 즐거웠던 이야기를 가족들에게 전하는 시간도 가져 봤고, 요가 음악을 틀어 놓고 요가 몇 동작을 따라 한 후 눈을 감고 명상하는 시간도 가져 봤고, 한겨울엔 이불을 덮고 앉아 전기놀이도 하고 공공칠빵도 하면서 마음껏 웃다가 잠들기도 했다.

그중 가장 많이 한 것이 바로 책 읽어 주기다. 책 읽어 주기는 이 세상 모든 엄마들이 잠들기 전에 가장 많이 해 주는 이벤트가 아닐까 한다. 아주 어려서는 동화책을 읽어 줬고, 조금 자라서는 줄글로 된 이야기책을 읽어 줬다. 편안하게 누워 이야기를 들으면서 각자의 머릿속에서 상상의 나래를 펼쳐 보길 바라서였다. 그렇게 읽어 주다 보면 세 놈 모두 누가 먼저랄 것도 없이 꿈나라로 가곤 했다.

하지만 종일 일하느라 말을 많이 한 탓에 책 읽어 주는 일이 힘들 때가 많았다. 이제 그만 읽고 싶은데 조금만 더 읽어 달라는 아이들의 애원을 들어주다 보면 기력이 다해 나도 모르게 한숨이 새어 나올 때도 있었고, 그만 읽자고 사정사정할 때도 많았다. 엄마와 조금이라도 시간을 더 보내고 싶은 아이들의 마음을 알았기에 물리치고 나오기가 여간 어려운 일이 아니었다.

아이들이 기분 좋게, 행복하게 잠들기를 바라는 마음으로 이것저것 해왔지만 피곤해서 빨리 자러 가고 싶다는 생각이 많이 들다 보니 간절한 애원에도 불구하고 안방으로 향하는 일이 많았다. 하지만 침대로 돌아와 누우면 늘 미안한 마음이 한가득 차올랐다.

그렇게 책 읽어 주기를 하다가 내가 발명한 것이 있다. 매일 저녁 아이들이 행복하게 잠들기 바라는 마음에 생각해 낸 것으로 '사랑 심기'라고 이름 붙였다. 사랑은 모두 누운 채로 한 놈씩 심는다. 심는 방법은 이렇다.

아이 한쪽 발바닥을 내 무릎 위에 올려놓고 한 손으로 발을 잡은 후 다른 한 손으로는 발바닥을 긁으면서 노래를 부른다.

"땅을 파고~ 땅을 파고~"

그리고 발바닥 여기저기를 손가락으로 꾹꾹 누르면서 노래를 부른다.

"사랑을 심고~ 사랑을 심고~"

그다음은 발바닥을 손바닥으로 살살 문지르며 노래 부른다.

"묻고~ 묻고~"

마지막으로 발바닥에 입을 맞추며 외친다.

"물 주기!"

나무를 심는 방법대로 아이 발바닥에 사랑을 심어 주는 것이다. 그래서 '사랑 심기'라고 이름 지었다.

아이들은 사랑 심기를 무척 기다린다. 가위바위보를 하기도 하고 자기 발을 감추기도 하면서 서로 마지막에 하겠다고 아우성이다. 호들갑을 떨며 무척 설레는 마음으로 자기 차례가 오기만을 기다린다. 발바닥으로 전해져 오는 엄마의 간질간질한 사랑이 무척 기분 좋은 모양이다. 어쩌다 이 '사랑 심기'가 생각났는지 지금은 잘 기억이 안 나지만, 아이들이 무척 행복해하는 걸 보면서 내 자신이 참 기특했다.

누군가가 내 발바닥을 만져 준다는 것은, 또 내 발바닥에 입을 맞춰 준다는 것은, 나를 특별한 사람이라고 말해 주는 일과도 같다. 마리아가 예수님의 발을 씻겨 줬던 것처럼 '너는 나에게 아주 귀한 존재란다'라는 마음의 소리가 발바닥을 타고 흘러들어 가는 것이다.

지금 우리 아이들은 내가 발바닥에 사랑을 마구마구 심어 놓아서 쑥쑥 자라고 있는 중이다. 그것도 아주 튼튼하게 말이다. 자라서 어떤 열매가 열릴지 무척 궁금한 나의 귀한 나무들이다.

어둠이 내려앉고 아이들의 눈꺼풀도 내려앉은 늦은 밤. 야근을 하고 늦게 들어와 아이들의 잠든 모습만 보아도 내가 심어 놓은 사랑이 발바닥을 타고 저 위 심장으로 올라가 뿌리내려서 아주 멋지고 훌륭하게 잘 자라는 중이다. 그래서 나는 열매가 열릴 날이 무척 기다려진다.

네가 벌어서
써라!

•
•

아이들이 커 가면서 물건에 대한 소유욕도 점점 많아졌다. 눈에 보이는 것을 사 달라고 조르던 시기를 지나, 사고 싶은 물건을 생각하고 그 물건이 자신의 소유가 될 때까지 사 달라고 말할 수 있게 된 것이다.

'엄마 아빠는 사고 싶은 거 다 사면서 왜 우리는 사 주지 않느냐'는 논리를 내세우며 원하는 것을 요구하는 상황을 어떻게 대처해야 할까 고민하다가 문득 좋은 생각이 떠올랐다. 집 안에서 스스로 돈 벌 수 있는 기회를 주고, 스스로 번 돈으로 사고 싶은 물건을 살 수 있게 한 것이다.

우리 집에서 돈을 벌 수 있는 기회는 다음과 같다.

1. 아침에 학교 갈 준비 스스로 하기 – 100원

2. 매일 하기로 약속한 공부 스스로 하기 – 100원

3. 엄마 아빠 심부름하기 – 100원

4. 쓰레기 분리수거하기 – 100원

5. 음식물 쓰레기 버리기 – 200원

6. 신발 정리하기 – 100원

7. 빨래 널고, 걷기 – 100원

8. 집 청소하기 – 100원

9. 기타 협상을 통한 일 처리 – 협상 금액

이렇게 몇 가지 돈을 벌 수 있는 기회를 마련해 놓고 동전 통을 하나 만들어 그 안에 100원짜리 동전을 많이 바꿔다 놓았다. 열심히만 하면 하루에 천 원도 넘게 벌 수 있는 내용으로, 실행에 옮긴 후 약속한 금액을 가져가기로 했다.

사실 처음엔 동전이 아닌 스티커로 했었다. 스스로 이행한 후 스티커를 한 장씩 붙이도록 했고, 스티커는 한 장당 100원으로 계산해 돈을 쓰고 싶을 때마다 쓰고 싶은 액수만큼 스티커를 없애고 돈을 가져가는 방식이었다.

하지만 아이들은 진짜 돈이 아니라 그랬는지 용돈 모으는 일에 시들했고, 스스로 해 놓고도 스티커를 붙이지 않는 경우가 다반사였다. 특히 둘째와 셋째가 그랬다. 그래서 개선 방법을 생각하다가 둘째가 원하던 현금 지급 방식으로 바꿔 보았고, 지금은 안정적으로 정착되었다.

이렇게 스스로 돈을 모으면서 아이들은 학교에서 돌아오는 길에 친구들과 맛있는 과자를 사 먹기도 했고, 예쁜 지갑을 사기도 했다. 갖고 싶은 물건이 생겨도 더 이상 사 달라고 조르지 않았다.

이렇게 아이들은 스스로 번 돈으로 하고 싶은 것들을 허락을 구하지 않고도 할 수 있게 되면서 한결 자유로워졌다. 또 물건을 사는 일에 대한 갈등도 거의 사라졌고, 자신이 열심히 모은 돈으로 물건을 사면서 더욱 소중히 여기는 모습까지 볼 수 있었다.

남편은 가끔 열심히 돈을 모으는 아이들에게 간식을 쏘라고 조른다. 매번 엄마 아빠만 사는 것 같다며 조금씩 돈을 내라고 하는 것이다. 그때마다 아이들은 굉장히 심각한 고민에 빠진다. 아빠 말이 맞긴 하지만, 자신이 열심히 모은 돈이 사라지게 된다고 생각하니 선뜻 그러겠다고 말하기가 어려운 모양이다. 그렇게 몇 번 아빠의 독촉(?)을 받고 나더니 지금은 가끔 500원짜리 아이스크림 정도는 시원하게 쏠 줄 안다.

가끔 우리 부부의 이런 양육 방식을 보고 너무 돈만 알게 키우는 건 아니냐는 사람들도 있다. 하지만 나는 양육에는 정답이 없다고 생각한다. 내가 생각하는 양육의 답은 부모의 믿음이다. 아이들은 부모가 믿는 대로 자란다. 그래서 내 아이들은 우리 부부의 믿음대로 스스로 돈을 벌어 보면서 차츰 달라져 가고 있다.

한때는 신기한 물건이 아주 많은 대형마트 구경을 무척 좋아하면서도 그 좋아하는 마트에 가는 날이면 누구 한 명은 꼭 기분이 안 좋아져서 돌아오곤 했었다. 이유는 눈에 들어온 장난감을 사지 못했기 때문이다. 하지만 지금은 달라졌다. 눈이 휘둥그레져 신나게 구경을 하더라도 사 달라는 소리는 하지 않는다.

대신, 사고 싶은 물건이 있으면 그 물건의 가격을 본 후 그것을 사려면 자기가 얼마나 많은 노력을 해야 하는지 다시 한번 생각한다. 그리고 돈이 있어도 섣불리 구입하려 하지 않고, 한참을 고민하고 또 고민하다가 제자리에 올려놓는다. 그래도 정말 갖고 싶은 물건이 있으면 돈을 더 모아서 사야겠다고 마음먹고 모자란 금액을 계산하기도 했고, 다음번 생일에 사 달라며 예약을 하기도 했다.

아이들이 돈을 모으면서 달라진 모습을 더욱 확실하게 느꼈던 일은 햄스터를 구입했을 때다. 다섯 명의 식구가 한집에 살다 보니 치우기가 무섭게 다시 어질러지는 일이 다반사였고, 집 치우는 일에 많은 에너지가 소모되었기에 아이들이 애완동물을 키우고 싶다고 해도 엄두가 나지 않아 사 주지 않았었다.

하지만 돈을 모으더니 아들이 햄스터를 사겠다고 했고, 반

대하고 싶었지만 받아들여야만 했다. 그래서 아들의 결정에 승낙하며, 대신 한마디 덧붙였다.

"햄스터 사면 톱밥이랑 먹이랑 계속 사야 하는데, 그것도 지환이가 계속 사야 한다. 그리고 햄스터 집 청소도 지환이가 책임지고 알아서 해야 하고."

아들은 그 말을 듣고 주춤하더니 누나와 동생을 꼬드겼다. 조금 지나니, 아들이 와서 세 명이서 같이 햄스터를 사기로 했다면서 빨리 사러 가자고 재촉하는 것이었다. 앞으로 있을 지출과 한꺼번에 지출될 돈을 계산해 보더니 세 명이서 동업을 하기로 결정한 모양이다.

나는 어쩔 수 없이 아이들과 함께 햄스터를 사러 상점으로 향했다. 햄스터를 키우기 위해 기본적으로 필요한 것이 집, 먹이, 톱밥이었다. 하지만 럭셔리한 집은 너무 비싸서 엄두도 못 내고 하얀색 햄스터 두 마리와 먹이, 톱밥을 사서 집으로 돌아왔다.

하지만 지극정성으로 키울 것 같았던 열정도 시간이 가면서 점점 사그라들었고, 톱밥과 먹이도 점점 줄어들자 제일 먼저 아들이 햄스터 소유 지분을 포기했다. 그리고 얼마 후 큰딸도 점점 시들해져 막내 혼자 햄스터 두 마리를 돌보게 되었다. 그러던 중 톱밥과 먹이가 모두 떨어지자 막내는 먹이를 사 달라고 요청했고, 나는 처음에 했던 약속을 까맣게 잊은 채 먹이와 톱밥을 사 주었다.

그러던 중 점점 살이 찌는 것 같았던 암컷이 새끼를 낳았고, 그것을 발견한 아이들 사이에서 한바탕 소동이 벌어졌다. 인터넷으로 햄스터 새끼 키우는 법에 대한 모든 지식을 검색하더니, 맨 처음 수컷과 암컷을 분리시켰다. 그리고 암컷이 새끼를 키울 때 스트레스를 받으면 새끼를 죽일 수도 있고 또 더 이상 새끼를 낳으면 안 된다는 이유로 수컷을 친구에게 분양해 주었다.

아이들은 새끼가 자랄 수 있는 최적의 상태를 만들어 놓았고, 새끼가 자라는 것을 보는 즐거움에 학교에서 돌아오면 모든 관심을 다시 햄스터에게 쏟기 시작했다. 몇 주 지나자 새끼들이 엄마 젖을 떼면서 아이들은 한 마리씩 나눠서 키우기로 의견을 모았고, 각자 모아 놓은 돈으로 인터넷 주문을 통해 저렴한 햄스터 집을 구입해 지금은 한 집에 한 마리씩 키우고 있다.

이렇게 아이들은 스스로 돈을 벌면서 자신이 구입한 것을 소중하게 생각할 줄 알게 되었다. 또 절약할 줄도 알게 되었고, 목표를 가지고 돈을 모을 줄도 알게 되었다. 그리고 그 과정에서 경제적 관념을 배워 가고 있었다.

이 세상을 살아가는 데 돈이 전부는 아니다. 하지만, 돈이 내 삶을 내가 원하는 대로 살 수 있게 해 주는 좋은 수단은 될 수 있다. 어려서부터 스스로 돈을 벌어 보고 그렇게 번 돈으로 자신이 생각하던 것을 행동으로 옮겨 보는 연습을 하다 보면, 어른이 되었을 때 삶을 더욱더 멋지게 만들어 갈 수 있을 것이다.

아이는 부모가 믿는 대로 자란다. 그래서 나는 오늘도 아이들의 행복한 삶, 가치 있는 삶을 위해 또 하나의 믿음을 만들어 본다.

1년에 딱 한 장씩, 평생

●
●

나는 올해로 12년째 결혼 생활을 하고 있다. 12년 전, 결혼 웨딩촬영을 계약할 당시 계약 내용 중 10년 동안 결혼 기념사진을 무료로 촬영해 준다는 내용이 있었다.

누구나 느끼듯 시간은 빠르게 지나갔고, 1년이라는 시간이 훌쩍 지나 첫 번째 결혼기념일이 돌아왔다. 우리가 부부가 된 지 벌써 1년이 되었다는 생각에 특별한 기분이 들었고, 무언가를 해야 할 것 같았다. 그때 무료기념촬영이 생각났고 그렇게 1주년 기념촬영을 하게 되었다.

첫째를 임신한 지 7개월 정도 되었을 때였다. 결혼으로 가족이 된 두 남녀와 그 사이를 이어 주고 있는 태아가 배 위로 둥그렇게 솟아올라 '나 여기 있어요!'라고 말하듯 찍혀 있는 사진이 1주년 기념사진이다. 사진 속에 담겨 있는 나와 남편의 얼굴은 아직 어색함이 남아 있는 새내기 부부의 모습을 하고 있다.

2주년 때는 큰아이와 이제 막 둘째 임신을 한 나 그리고 남편이, 3주년 때는 네 명이 된 우리가, 4주년 때는 배 속에 있는 막내와 우리의 모습이, 그리고 5주년 때부터는 세 명의 아이들이 점점 커 가는 모습과 아이들이 커 갈수록 조금씩 나이 들어가는 나와 남편의 모습이 담겨 있다.

이렇게 12년이 흘렀고, 12년 동안 우리 가족에게 12장의 사진이 생겼다. 사진첩에 1주년 기념사진 한 장만 달랑 자리 잡고 있었을 때에는 느낄 수 없었던 기분이었다. 인화된 사진을 보며 누구의 얼굴이 더 예쁘게 나왔는지 포토샵은 얼마나 잘되었는지 살펴본 후엔 그다음 해 기념사진 촬영이 있을 때까지 책장에 꽂힌 채 아무런 관심을 못 받던 물건이었다.

하지만 한 해, 두 해, 해를 거듭하자 가족사진첩은 어느 순간 우리 가족에게 기쁨을 주는 물건으로 변해 있었다. 아이들은 아기였을 때의 자신의 모습과 누나, 언니, 동생의 귀여운 모습을 보는 것을 무척 즐거워했고, 사진첩을 한 장씩 넘길 때마다 엄마 아빠의 모습이 조금씩 달라지는 것을 보며 신기해했다.

이렇게 가족들에게 사랑을 받는 물건이 되니 10주년 때는 아이들과 다 같이 드레스를 입고 조금 특별한 모습으로 사진을 남기고 싶어졌다. 그래서 나는 7주년 기념사진을 찍었을 무렵부터 10주년이 되면 아이들과 드레스를 입고 기념사진을 찍고 싶다고 말했다. 하지만 평소 낭비를 싫어하는 남편은 "그렇게까지 할 필요가 있을까?" 하며 늘 부정적인 반응을 보였다. 하지만 사진을 꺼내 볼 때마다 노래 부르듯 이야기하자, 10주년 결혼기념일이 되었을 땐 드레스를 입는 데 동의했고 나와 딸들은 바라던 대로 드레스를 입고 사진을 찍게 되었다.

약간의 대여료를 내고 드레스와 턱시도, 화관 등을 빌려 입고 거울 앞에 섰다. 딸내미들은 태어나서 처음으로 입어 보는 드레스에 날아갈 것처럼 기분이 들떴고, 아들도 처음 입어 보는 턱시도가 마음에 들었던지 촬영에 들어가기 전부터 싱글벙글 웃음꽃이 피었다. 나도 10년 만에 드레스를 다시 입은 기분이 아주 좋았고, 예쁘다고 칭찬해 주는 남편과 아이들로 주인공이 된 듯했다.

기분 좋게 사진 촬영을 마치고 인화될 기념사진 한 장을 고르면서 사진 속 다섯 명의 표정을 보니, 단연 지금까지의 기념사진 중 최고였다. 사진첩에 끼울 한 장을 고르기가 다른 어느 때보다 더 어려운 날이었다.

그렇게 약속한 10년의 무료촬영이 모두 끝이 났지만 남겨진 열 장의 사진은 우리 가족에게 큰 의미를 가져다줬다. 아이들이 점점 자라는 모습과 나와 남편이 점점 나이 들어가는 모습을 한자리에 둘러앉아 함께 볼 수 있는 멋진 물건이 된 것이다. "이때 지윤이는 엄마 배 속에 있었지!", "이때 지환이는 어디 있었게!", "와! 지아 봐라! 너무 귀엽다!"라고 이야기하며 한바탕 즐거운 추억여행을 할 수 있는 타임머신이 되어 주었다.

그렇게 우리 가족은 일 년에 한두 번 사진첩을 꺼내 들고 모두 둘러앉아 조금씩 달라지는 자신과 식구들의 모습에 입을 벌려 웃을 수 있게 되었다.

인화된 10주년 기념사진을 받고 사진첩에 붙이던 날, 우리 가족은 앞으로 엄마 아빠가 죽을 때까지 결혼기념일마다 사진관을 찾아가 기념사진을 찍기로 의견을 모았다. 아이들이 커서 각자의 삶을 살더라도 엄마 아빠의 결혼기념일에는 가족들 모두 데리고 와서 꼭 가족사진을 찍기로 약속했다. 그만큼 우리 가족에게 생각만 해도 가슴 설레는 일이 되어 버린 것이다. 앞으로 십 년, 이십 년, 삼십 년이 지나 삼십 장, 사십 장으로 계속 늘어 갈 가족사진을 생각하면 벌써부터 가슴이 꽉 찬 기분이 든다.

매일, 매주, 매달, 매년. 무언가를 같은 주기로 반복한다는 것은 쉬운 듯하면서도 어려운 일이다. 하지만 나는 매년 가족사진을 찍어 보면서 반복적인 일이 가져다주는 대단함을 다시 한 번 실감하게 되었다.

그리고 또 하나! 사진은 언제나 웃으면서 찍어야 한다는 것을 알았다. 몇 년이 지난 사진을 보다 보면 사진 속 내 표정대로 지금의 표정이 옮아가기 때문이다. 나이가 든 후 웃고 있는 내 젊은 시절 모습을 보는 일은 행복한 일일 것이다. 그 행복한 순간에 사진 속 젊은 내가 환하게 웃고 있다면 얼마나 기분 좋을까! 그래서 우리 가족은 웃는 얼굴로 매년 가족사진을 찍는다.

삶의 배터리,
감사

·
·

어제의 일이다. 사무실에서 했던 나의 행동이 경솔했다고 생각되자, '조금 더 생각해 볼걸! 내가 왜 그랬을까!' 하는 후회의 마음이 밀려와 나를 자꾸만 괴롭혔다.

삶을 살아가는 동안 커다란 바위처럼 거센 바람에도 꿈쩍하지 않는 강한 마음을 갖길 바라며 하루하루를 연습하듯 살고 있는 나에게 그 같은 경솔함은 한 걸음 뒤로 물러나는 기분이 들게 했고, 나는 무척 상심하게 되었다. 가벼운 바람에도 쉽게 날아가 버리고 마는 낙엽이 된 듯한 느낌에 자신감이 바닥으로 떨어진 힘든 하루였다.

집에 왔지만 내 영혼은 온통 사무실 그 자리에 있었고, 아이들의 재잘거림도 들리지 않았다. 큰아이는 영어체험센터를 다녀왔는데 스티커를 많이 받아서 기뻤지만, 학원을 다니는 아이들은 자기보다 더 좋은 영어 실력 덕분에 스티커를 쉽게 받았고 자신은 끝내 원하던 선물을 받지 못했다는 이야기를 하다가 끝내 눈물을 흘렸다. 그러나 나는 위로해 줄 힘이 없었다.

"지윤아! 오늘은 우리 가족이 모두 힘든 날인가 봐! 지윤이도 오늘 참 힘들었는데, 오늘 엄마도 사무실에서 힘들었거든. 그런데 아빠도 사무실에서 힘드셨대. 오늘은 우리 가족들이 참 힘든 날이었나 봐."

라고 말하니, 큰아이는 무엇 때문에 힘들었냐며 재촉하며 물었다. 자꾸 생각하면 더 힘들어서 더 이상 이야기하고 싶지 않다고 말해 줘도, 자기도 말해 줬으니 이야기해 달라며 계속 재촉했다. 나의 인내심이 펀치를 맞은 게임 속 캐릭터처럼 급속히 줄어들고 있음이 느껴졌다. 마지막으로 온 힘을 다해 지금은 이야기하고 싶지 않으니 다음에 이야기하자는 말을 남긴 채 방으로 들어와 침대에 누웠다.

눕자마자 또 막내가 들어와 내 옆으로 누웠다. 다른 때 같았으면 한 번 안아 줬을 텐데 쉬고 싶다는 생각만 들었고, 막내도 빨리 나가 줬으면 하는 바람이 간절했다.

"지아야! 엄마 쉬고 싶은데, 지아도 이제 가서 잘래?

"네, 엄마."

"고마워!"

"제가 더 고마워요!"

그 말을 듣는 순간 몸과 분리된 채 사무실에 남겨졌던 내 영혼이 다시 제자리를 찾아왔고, 엉켜 있던 마음의 매듭이 풀리는 기분이 들었다.

'뭐가 고마워서 자기가 더 고맙다는 말을 했을까?'

지친 나를 미소 짓게 하는 한마디였다.

나는 감사하다는 말을 많이 하며 살아야 한다고 생각한다. 그래서 아이들에게 경험했던 모든 일에 고맙다는 말을 했는지 묻고, 그럴 때마다 고맙다고 말해야 한다고 가르쳤다. 내가 지금의 모습으로 살 수 있는 이유가 나를 제외한 모든 사람, 모든 것들 덕분이라고 생각하기 때문이다.

집을 만든 사람이 있었기에 일을 마치고 편히 쉴 수 있는 공간이 나에게 주어질 수 있었고, 자동차를 만든 사람, 도로와 신호등을 만든 사람이 있었기에 자동차를 타고 아이들을 학교에 데려다주고 나도 편안히 사무실에 갈 수 있게 되었다. 발전한 기술 덕분에 집 안에서 편히 음식을 만들어 먹고 몸을 씻을 수 있어서 얼마나 감사한지, 어렸을 적 부뚜막에서 밥을 해 먹고 재래식 화장실을 쓰며 살았던 시골 할머니 집을 생각해 보면 정말 행복하고 감사한 일이 아닐 수 없는 것이다.

출근할 때 자동차로 이동하면서 잠시 아이들과 이야기를 나눌 시간이 생긴다. 그때 자동차가 아니었으면 비 오는 날 이렇게 편하게 학교에 가지 못했을 거라고 이야기해 줬고, 택배 아저씨에게서 전화가 올 때면 아이들에게 내려가서 받아 오라고 하거나 승강기 앞에서 기다리다가 물건을 받아 오라고 했고, 받고 나면 꼭 감사하다고 말하라고 했다. 그리고 감사하는 마음을 잊지 않고 사는 방법을 자주 고민했다.

"감사는 자석 같아서 감사를 많이 하는 사람한테는 감사할 일이 자꾸자꾸 생긴대. 우리 매일매일 감사 일기를 쓰는 건 어떨까?"

라며 감사 일기 쓰기를 제안하고, 하루 동안 있었던 일 중에 감사하고 싶은 일을 세 가지 이상 찾아 쓰기도 했다. 아이들의 감사 일기를 읽어 보면 하루 동안 아이에게 어떤 일이 있었는지 알 수 있었고, 아이마다 감사를 느끼는 일이 다르다는 것을 알 수 있었다.

나 또한 매일 감사 일기를 쓰기 시작하면서 더 긍정적인 자세로 변화되었다. 그리고 사람은 '혼자는 모든 것을 할 수 없기 때문에' 함께 사는 것임을 가슴 깊이 느꼈다.

지금은 아이들이 마음에서 우러나는 감사가 무엇인지 모른 채 자신을 기쁘게 해 주었던 일에 대해 쓰고 있지만, 감사하는 일이 습관이 되고 나면 어느 순간 자기도 모르게 '아! 감사라는 것이 이런 느낌이구나!'라며 진실한 감사의 마음을 알아차리게 될 것이다.

감사하다는 말을 들으면 아무것도 아닌 듯 생각되었던 내가 이 세상에 큰 기여를 한 사람이 된 것 같고, 꽁꽁 얼어 있던 마음이 봄눈 녹듯 녹아서 마음이 따뜻해진다.

"제가 더 고마워요!"

막내딸의 한마디에 나는 위로를 받고 따뜻해진 마음으로 잠이 들었다. 고맙다는 말을 더 깊은 마음으로, 더 자주 해야 겠다.

워킹맘

오늘도 나는 나의 간섭과 독촉으로 아이들의

행복을 빼앗지는 않았는지 하루를 되돌아본다.

그리고 내가 한 간섭의 정도로

도전에 대한 나의 열정을 가늠해 본다.

09:00
~18:00

목수이신 내 아버지는 장남이다. 어머니는 주부셨지만 목
수의 안정적이지 못한 수입을 충당하기 위해 여러 가지 부업
을 하시면서 살림을 꾸려 가셨다. 그리고 나는 두 분의 첫 번
째 자녀인, 보고 배울 윗사람이 없는 장남의 장녀로 태어났다.

1980년대 그 시절 대부분의 가정이 그랬겠지만, 부모님은
먹고살기에 바쁘셨다. 지금의 부모님들처럼 자식들이 무엇
에 관심이 있는지, 또 무엇을 잘하는지 관찰하며 그 재능이
개발될 수 있도록 뒷받침해 줄 수 있는 상황이 되지 못했다.

그래서 나는 자라는 동안 내가 무엇에 관심 있으며 무엇을 잘하는지, 또 커서 무엇이 되고 싶은지 생각해 본 적이 별로 없었다.

이런 환경에서 자랐기에 내가 아는 직업은 목수, 선생님, 간호사, 의사 등 직접 눈으로 볼 수 있었던 직업 수준에 머물렀고, 대학교 졸업을 앞두고도 공무원이 무슨 일을 하는 직업인지 몰랐다. 그런 내가 공무원이 되어 벌써 15년째 근무를 하고 있는 것이다.

공무원이 뭔지도 모르던 철없던 대학생이 졸업하자마자 들어온 관공서에서 일을 얼마나 잘했을까? 직장 선배들이 가르쳐 주는 대로, 시키는 대로 하다 보니 공무원이 무슨 일을 하는 사람인지 조금씩 알아 갔고, 그렇게 점점 일의 재미를 느껴 가고 있었다. 그때쯤 업무를 함께 보던 선배 언니가 다른 지역으로 전출을 가게 되었다.

갑작스러운 결원으로 선배 언니의 자리는 채워지지 않았고, 급기야는 나 혼자서 선배 언니의 몫까지 모두 해내야 하는 상황에 놓였다. 그때 나는 첫째 아이를 임신해 네 달 후 출산을 앞두고 있었고, 난생처음 겪어 보는 몸의 변화와 출산의 두려움을 감당해 내야 했던 시기였다. 그런 시기에 해야 할 업무가 두 배로 늘어난 것이다.

언니가 떠나고 언니에게 오던 민원과 나에게 오던 민원, 언니에게 내려오던 공문과 나에게 내려오던 공문이 모두 나에게 모여들었다. 마치 내가 깔때기가 된 기분이었고, 언니가 보던 비중 있는 업무를 내가 봐야 한다고 생각하니 임신으로 무거운 몸에 마음까지 무거워졌다.

하지만 그런 생각도 잠시. 민원인들이 앞에서 내 도움을 기다리고 내가 해결해야 할 일들이 눈앞에 펼쳐지자, 생각지도 못한 초인적인 업무능력이 생겨났다. 내게 주어진 일을 하나하나 처리해 나가기 시작했고, 감당하기 어려울 것만 같았던 업무가 하나둘씩 해결되자 처음으로 일이 주는 성취감을 느끼게 되었다.

그때 나는 동사무소에서 사회복지업무를 보고 있었다. 사회복지업무는 마음에 상처가 있는 어려운 분들이 자주 찾는 파트였고, 그런 분들이 사무실로 찾아오면 따뜻하게 이야기를 들어 주는 일이 근무시간의 절반을 넘었다. 이 때문에 상급기관에서 내려오는 문서 처리 시간이 부족했고, 초집중력을 발휘하지 않으면 야근을 할 수밖에 없었다.

그래서 나는 제출해야 하는 모든 업무를 수첩에 적기 시작했다. 하루에도 20건이 넘어가는 많은 업무들이 적힌 수첩을 보고 있으면 돌덩이가 눌러앉은 느낌이었지만, 하나하나 끝날 때마다 빨간색 펜으로 줄을 그어 가며 줄이 늘어난 만큼 해결되어 있는 일들을 마주하는 기분이 참 좋았다.

그때 나는 학창 시절에도 느낄 수 없었던 집중의 힘을 처음으로 느꼈다. 무거운 몸으로 몸속 아이와 함께 야근을 하고 싶지 않은 간절한 마음에 오늘 할 일은 오늘 안에 끝내겠다는 결심으로 불필요한 모든 행동을 자제하고 온 정신을 집중했던 것이다.

그 집중력으로 근무시간 내 많은 일들을 처리할 수 있었고, 바쁜 와중에도 원인 모를 에너지가 솟아났다. 출산이 가까워지면서 무거워지는 몸과는 달리 마음은 자꾸만 가벼워져 갔다. 뒤돌아 생각해 보니, 그때 터득한 업무 처리 방식이 지금의 내 모습을 있게 만든 또 하나의 요인이 아니었나 싶다.

그때 길러진 집중력 덕분에 그날 목표한 일은 근무시간 안에 끝내고 퇴근할 수 있었고, 개운한 마음으로 퇴근한 후에는 머릿속에서 사무실 일을 휘발시키고 아이들과 함께하는 시간에 몰입할 수 있었다.

낮이 긴 여름철에는 퇴근 후 저녁을 일찍 먹고 천변을 따라 산책도 하고, 자전거도 타고, 인라인 스케이트도 탄다. 밤이 긴 겨울철에는 카드놀이, 과자 먹으면서 수다 떨기, 보드게임 등을 하면서 얼굴을 맞대는 시간을 보내며 퇴근 후부터 아이들이 잠들기 전 약 3~4시간을, 짧지만 질 높은 시간으로 만들 수 있었다.

나는 내가 사는 도시를 위해 일하는 공무원이기도 하지만, 세 명의 아이들과 함께 살고 있는 엄마이기도 하다. 엄마가 된 후에야 알았지만, 일하는 엄마들은 일과 가정의 중간에서 아빠보다 더 많은 고민을 하게 된다.

유치원이나 학교에서 일이 생기면 아빠보다는 엄마가 달려가야 하고, 내 아이가 다른 아이들보다 뒤처지는 것 같으면 '내가 일하느라 너무 신경을 안 썼나!' 하고 스스로를 돌아

보는 것도 엄마이고, 아이가 밤새 아프면 아빠보다는 엄마가 함께 잠을 설쳐야 한다.

이러한 슈퍼 엄마들에게 필요한 것은 다름 아닌 집중이다. 내 경험에 의하면, 몸이 있는 곳에 마음도 있어야 양육의 질이 높아질 수 있었다. 내 몸이 직장에 있을 때에는 마음을 다해 일에 집중하고, 내 몸이 아이들과 있을 때에는 아이들에게 집중해야 일과 가정에 균형을 잡고 사는 엄마가 될 수 있는 것이다.

시간이 지나 뒤돌아보니 '혼자서 두 사람 몫의 일을 해야 했을 그때 그 시간을 참 잘 견뎠구나!'라는 생각이 들었다. '혼자서 두 사람 몫의 일을 하는 건 무리야!', '나는 할 수 없어!', '불가능해!'라고 생각하고 업무를 소극적으로 처리했다면 결코 일에 집중하는 방법을 배울 수 없었을 것이다. 나는 그때 내가 감당할 수 없을 것 같아 보이는 커다란 일 앞에서 굳게 마음을 움켜잡는 방법을 배웠던 것 같다.

직업마다 상황은 같지 않을 것이다. 하지만, 근무시간 동안의 집중을 통해 얻은 일의 성취감은 자신감과 여유를 갖고

아이들과 마음을 나누며 질 높은 관계를 맺을 수 있는 멋진
방법이라고 확신한다.

이 세상 모든 엄마들!
집중의 힘으로 승리하길 바란다. 파이팅!

남는 게 없는
남 이야기

●
●

사람이 모여 사는 곳이면 어느 곳이든 관계로 인한 갈등은 늘 존재한다. 나와 다른 생각을 가진 사람들과 한 공간에서 지내면서 마찰이 생기는 건 어쩌면 당연한 일일 것이다.

이러한 직장 생활을 하다 보면 간혹 독특한 생각을 가진 상사 때문에 스트레스를 받는 경우가 생기고, 스트레스를 받은 직원들은 삼삼오오 모여 스트레스 제공자를 도마 위에 올려 놓고 뒷이야기를 즐기며 휴식을 취하기도 한다.

처음 직장 생활을 시작했을 땐 나도 그 재미에 흠뻑 빠졌었다. 같은 공간에서 일하는 동료끼리만 통하는 재미있는 이야기였고, 가끔 한 직원이 그 상사의 목소리나 말투를 똑같이 흉내 내기라도 하면 신나게 웃다가 나도 모르는 사이에 스트레스가 날아가기도 했다. 그리고 그 일은 직원들이 똘똘 뭉쳐 하나 되게 만드는 순기능도 있었다. 하지만 남 이야기를 하고 난 후에 오는 알 수 없는 공허함은 절대 좋은 느낌이 아니었다.

또 한 번의 경험은 인사 발령 때였다. 인사철이 되면 '나도 발령이 날까?', '우리 사무실에서 누가 갈까?', '그럼 누가 올까?' 하며 발령에 대한 소문과 예측으로 사무실 분위기가 뒤숭숭해진다. 그렇게 며칠을 보내고 나면 발령이 난다.

인사 발령 파일이 게시판에 오르면, 먼저 우리 사무실에서 나가고 들어오는 직원들을 필터링한다. 그리고 조직도에 들어가 얼굴을 확인하고, 들어오는 직원이 어떤 사람인지 직원들에게 묻는다. 아는 직원들이 없으면 그 직원과 함께 근무했었던 다른 사무실의 직원에게 전화를 걸어 새로 올 직원에 대해 물었다. 그 직원에 대한 정보가 수집되자, 순식간에 내가 누군지도 모르는 그 사람에 대한 평가가 입에 오르내리기 시작했다.

그 이야기를 듣고 나니 나도 모르는 사이에, 내 머릿속에는 누군지도 모르는 그 직원에 대한 편견이 가득 들어차게 되었다. 정말 무서운 일이 아닐 수 없었다. 내가 한 번도 보지 못한 사람에 대한 이야기가 순식간에 오가고, 만나서 관계를 맺어 보기도 전에 좋은 사람인지 나쁜 사람인지, 일을 잘하는지 못하는지 판가름되고 있었기 때문이다. 순간 나는 이런 생각이 들었다.

'내가 발령 났을 때도 그랬을까?'

티타임이 있을 때마다 자연스럽게 오가는 이야기 중에 누군가가 도마 위에 오르는 일은 종종 일어났고, 도마 위에 오른 사람은 늘 그 자리에 없는 사람이었다. 이런 뒷담화는 상사를 흉내 내고 웃고 즐기며 '우리'라는 소속감을 느끼게 해 주었던 뒷담화와는 사뭇 달랐다.

뒷담화를 함께하다 보니 나도 모르게 맞장구를 칠 때도 있었고, 또 어떤 때는 그 직원의 어떠한 행동을 비웃고도 있었다. 그리고 그 자리가 파하고 나면 왠지 모를 찝찝함이 늘 나를 괴롭혔고, 그 후 그 직원의 눈을 자신 있게 바라보기 힘들었다. 남는 것 하나도 없이 손해 보는 것이 남 이야기였다. 그렇게 뒷담화에 대한 찝찝함에 괴로워하던 중 자리를 피할 수 있는 방법을 찾아냈다. 바로 바쁘게 일하는 것이었다.

대부분의 워킹맘은 아침에 일어나면 출근 준비와 동시에 식구들 아침밥 준비와 아이들 학교 준비까지, 해야 할 일들이 정말 많다. 그렇게 정신없는 아침 시간을 보내고 출근해 한숨 돌리고 나면, 업무 시작 전 약 20~30분 정도 차를 한 잔 마실 수 있는 시간이 생긴다. 그 시간에 차를 마시면서 어제 일어났던 일들 중 이슈가 될 만한 이야기를 꺼내 말하다 보면 종종 화두가 되는 사람이 생긴다.

일에 관한 이야기로 시작하지만, 모든 일은 사람과 연결되어 있기에 하다 보면 사람에 대한 이야기가 늘 나오기 마련이다. 화두에 오른 그 사람에 대해 들었던 이야기가 모인 사람들에게서 하나둘씩 나오고, 떠도는 소문에 자신의 의견까지 덧붙여 이야기하다 보면 조그마한 사실 하나가 어느새 눈덩

이처럼 커지게 된다.

이런 몇 번의 경험으로 티타임이 무척 불편하게 여겨졌고, 모든 티타임이 그랬던 것은 아니지만 이런 종류의 티타임은 되도록 참여하지 않게 되었다. 대신 그 시간에 조금이라도 더 빨리 일을 시작했고, 근무시간 내 그날 해야 할 일들을 모두 마치려고 애썼다. 그리고 일찍 퇴근해 아이들과 더 많은 시간을 보냈다.

나에게 도움이 되는 일이 단연코 하나도 없는 것이 뒷담화이다. 하고 난 후의 찝찝함과 사람에 대한 좋지 못한 사전지식은 나에게 앞으로 다가올 기회를 차단하는 초석이 된다.

사람 일은 모르는 것이다. 내가 지금 거침없이 비판하고 있는 이 사람이 나중에 나에게 큰 영향을 미칠 수 있는 자리에 앉을 수도 있고, 나에게 큰 도움을 주게 될 수도 있다. 만약 그런 상황이 오면 과연 자신 있게 그 사람과 마주할 수 있을까?

나는 자신이 없었다. 그래서 뒷담화를 피하기 시작했고, 덕분에 지금은 어느 누구든 눈을 보고 당당하게 이야기할 수 있는 자신감을 가지게 되었다. 이렇게 만들어진 자신감은 나를 점점 변하게 하는 원동력이 되었다. 아직도 많이 부족하지만 조금씩 발전하고 있는 내 모습을 느낄 때면 기분이 참 좋다. 나는 그 좋은 느낌을 다른 엄마들도 느꼈으면 한다.

혹시 삼삼오오 담화를 나누던 중 우연치 않게 그 자리에 없는 사람의 좋지 않은 이야기가 오가게 되면 자연스럽게 화두를 돌리는 앞서가는 사람이 되자. 변화는 거기서부터 시작된다.

엄마라면 반드시 해야 할
한 가지

•
•

결혼을 하고 세 명의 아이를 낳았다. 남매로 자란 나는 언제나 같은 편이 되어 주고 밤새 이야기를 나누며 서로의 고민을 들어 주고 수다를 떨 수 있는 자매 사이가 정말 부러웠다. 그래서 딸 하나, 아들 하나를 낳고 큰딸에게 여자 형제를 만들어 주고픈 마음에 셋째를 갖게 되었는데, 정말 운 좋게 딸이 태어났다.

이렇게 셋을 낳고 잠시라도 '엄마'라는 역할에 충실한 시간을 갖고 싶어 휴직을 했다. 하지만 내가 생각하고 꿈꿔 왔던

지혜롭고 다정한 엄마의 모습은 현실에서는 볼 수 없었고, 시시때때로 변하는 감정대로 아이들을 거칠게 대하는 내 모습을 보면서 스스로에게 실망하게 되었다.

실망감이 커질수록 아이들과 행복하게 보내고 싶었던 시간은 점점 힘들게만 느껴졌고, 그럴수록 휴직 기간 동안 조금 더 잘 키워 보려 결심했던 마음도 점점 무너져 갔다. 실망스러운 내 행동을 고치기 위해 고민하던 중 책을 읽게 되었다. 아이를 키우는 엄마로서 나에게 부족한 무언가가 분명히 있었고, 그 무언가를 찾아 해결하려면 전문가에게 배우는 것이 가장 좋겠다는 마음에서였다.

처음 책을 읽기 시작하면서는 조금씩 변화되는 듯했다. 책 속의 전문가가 내가 모르던 아이의 심리를 구체적으로 알려 주었고, 아이의 심리에 엄마가 잘 반응하려면 어떻게 말하고 행동해야 하는지 알려 준 대로 실행한 결과, 정말로 아이들의 행동이 바뀌었기 때문이다.

하지만 아이들과 겪는 상황은 책 속에서 나오는 상황과 늘 일치하지 않았다. 책에서 배우지 못한 예외 상황과 맞닥뜨리면 예전에 하던 말과 행동이 그대로 튀어나왔고, 그럴 때면 나는 또다시 괴로워졌다. 다시 정신을 차리고 또 다른 전문가가 쓴 책을 찾아 읽으면 잠시 나아지는 듯하다가도 또 다른 예외의 상황에 다시 괴로워해야 했다.

이 같은 상황을 몇 차례 반복해 가며 양육에 관한 책을 약 스무 권 가량 읽었을 무렵, 어느 날 어떤 생각 하나가 내 머리를 강타하고 지나갔다. 그것은 바로 아이들이 잘 자라려면 '아이'가 아니라 '내'가 변해야 한다는 깨달음이었다. 아이들에게 벌어지는 모든 상황은 책과 같지 않았고, 응용력이 필요했다. 그리고 그 응용력이 바로 지혜임을 알게 된 것이다.

지혜는 엄마인 내가 가지고 있어야 하는 것이었고, 지혜를 얻으려면 아이를 잘 키우기 위한 양육지침서가 아닌 나를 변화시키는 책을 읽어야 한다는 생각이 들었다. 이렇게 나를 위한 독서를 시작하게 되었다.

물론 처음에는 쉽지 않았다. 독서가 습관화되어 있지 않아 손에 책을 계속 잡고 있는 것이 어려웠지만, 3개월 동안 꾸준히 하다 보면 습관으로 자리 잡을 수 있다는 내용의 책을 읽고 몸에 좋은 약을 먹듯 참아 가며 책을 손에서 놓지 않았다. 그랬더니 읽은 곳을 읽고 또 읽으며 진도가 나가지 않던 책 읽기에 차츰 속력이 붙기 시작했고, 책만 읽으면 몰려오던 잠도 사라지면서 조금씩 집중력이 생겨났다.

그렇게 책 읽는 재미를 알아 갈 때쯤 복직을 하게 되었다. 근무지는 집에서 자동차로 약 20분가량 걸리는 면사무소였다. 일을 다시 시작하자 책 읽을 시간이 없어졌다. 아침에는 출근하기 바빴고, 저녁에는 퇴근 후 식사 준비 및 정리와 아이들 씻기기에 바빴고, 어질러진 집 안을 정리하고 지친 몸으로 침대에 눕기 바빴다.

하지만 책은 읽어야 했고, 읽고 싶다는 마음이 책 읽을 시간을 찾게 만들었다. 그런 마음으로 찾아낸 방법 덕분에 나는 편안한 출근을 포기해야 했다. 그 방법은 바로 버스를 타고 출근하는 것이었다.

집에서 사무실까지 자동차로는 20분 걸렸지만 버스는 중간에 한 번 갈아타야 해서 50분 이상 걸렸고, 8시에 출발하면 8시 50분이 되어야 사무실에 도착할 수 있었다. 조금 늦은 출근이 될 수 있었지만 책을 계속 읽고 싶은 욕구가 강했기에 나는 버스를 타고 출근하기로 마음먹었다. 그리고 그렇게 2년간 버스로 출퇴근했다.

결론부터 말하자면, 나는 버스를 타면서 자유를 얻었다. 눈, 귀, 손, 발, 모두 내 마음대로 할 수 있었기에 음악을 들으면서 풍경을 만끽할 수도 있었고, 책을 읽다가 눈을 감고 생각할 수 있는 시간도 생겼다.

그리고 무엇보다도 아무에게도 방해받지 않는 나만의 시간이 생겨 정말 행복했다. 집에서도 사무실에서도 찾을 수 없었던 나만의 공간과 시간을 버스 안에서 발견했고, 매일 출퇴근하며 얻은 금쪽같은 두 시간 동안 나는 에너지를 충전할 수 있었다.

가끔 직원들이 사서 고생한다며 출퇴근을 같이하자고 배려해 주었지만, 혼자 있을 수 있는 그 시간이 행복하고 기다려졌기에 오랜 기간 버스를 타고 다닐 수 있었다. 이렇게 시간을 만들어 가며 책을 읽다 보니 갈수록 읽고 싶은 책이 많아졌다. 몇 년 전만 해도 감히 생각도 못했던 책들이 궁금해지기 시작했고, 어느새 소크라테스, 플라톤, 에머슨과 같은 철

학자나 사상가가 쓴 책이나 그들의 자서전을 찾아 읽기에 이르렀다.

한 시대를 살다 간 사람의 말이 수천 년, 수백 년이 지난 지금까지 많은 사람들에게 큰 영향을 미치고 있는 사실이 놀라웠다. 그리고 그들의 말은 많은 사람들에게 그랬던 것처럼 내게도 큰 깨달음과 위안을 주었고, 아이들과의 관계 속에서 거칠게 행동했던 나를 제어할 수 있는 힘이 되어 주었다. 또한 자녀 관계뿐만 아니라 남편과 직장에서의 인간관계까지 변화시킬 수 있는 불씨가 되어 주었다.

철학에 대한 관심이 깊어지면서 공부를 더 하고 싶어졌고, 그 열정이 대학원 입학에 도전해 보는 용기를 주었다. 무식하면 용감하다고 했던가! 배우고 싶다는 생각 하나로 시험에 응시했고, 그 열정 덕분에 합격해서 철학이라는 학문을 배울 수 있었다.

지금 생각해 보면 어디서 그런 용기가 났는지 모르겠다. 한 시간을 운전해서 학교에 갔다가 세 시간 수업을 듣고 또 한 시간 운전을 해서 내려오는 일을 일주일에 두 번, 2년 동안

했다. 다들 힘들지 않느냐고 물었지만 학교 가는 길이 내게는 마치 여행 가는 길처럼 설레었고, '나'라는 사람으로 온전히 있을 수 있는 유일한 그 시간이 무척 소중하게 여겨졌다.

한국이라는 나라에서 엄마로 아내로 며느리로 딸로 그리고 직장인으로 1인 5역을 해야 하는 여자라면, 모든 상황을 부드럽게 넘길 수 있는 무기가 필요하다. 나는 그 무기가 지혜라고 생각했다. 그 지혜를 나는 책 속에서 찾아냈고, 지금도 책을 통해 나를 훈련하며 다듬어 가고 있다.

엄마는 책을 읽어야 한다. 아이가 나보다 더 멋지고 훌륭한 사람으로 자라길 바라는 엄마라면 더욱더 책을 읽어야 한다. 시간이 있을 때가 아닌 독서를 위한 시간을 일부러 만들어서 읽어야 한다. 독서는 엄마의 선택 사항이 아닌 필수 조건이기 때문이다.

애들아!
도전하는 엄마 어때?

•
•

양육의 단계는 크게 몸이 바쁜 시기와 입이 바쁜 시기로 나눌 수 있다. 아이가 세상에 태어나 먹고, 입고, 씻고, 자는 일을 모두 스스로 할 수 있게 되면 부모에게 있어서는 몸이 바쁜 시기가 끝나고, 밥 먹어라, 목욕해라, 오늘은 추우니 두꺼운 옷을 입어라, 어서 자라며 아이가 때에 맞게 움직일 수 있도록 입이 바빠지는 시기가 시작된다.

하지만 부모가 말을 함과 동시에 행동으로 옮기는 아이들은 없다. 대부분 자신이 하고 있는 일에 푹 빠져 부모가 하는 말을 듣지 못하기 때문이다. 그리고 부모들은 아이가 분명 말을 들은 것 같은데 듣고도 움직이지 않는 것 같아 점점 화가 치솟게 마련이다.

나 또한 육체가 바쁜 시기를 지나니 입이 바쁜 시기가 찾아왔고, 내가 계획한 대로 아이들이 움직여 주지 않자 입이 거칠어지기 시작했다. 말이 거칠게 나감에도 아이들의 행동은 바라는 대로 되지 않았고, 그럴수록 내 머릿속은 아이들을 움직이게 할 수 있는 방법을 생각하느라 복잡해졌다.

그러던 중 문득 내가 아이들을 너무 간섭하고 있는 건 아닐까 하는 생각이 들었다. 나도 간섭받는 것을 정말 싫어한다. 한 주간 피로를 풀고 늦잠을 자고 싶은 주말에도 꼭 해야 하는 일이 있다. 바로 밥 차리기와 설거지, 청소다.

아무리 피곤해도 이 일은 해야 집안이 돌아갔기에 내 행동이 게을러지면 남편은 귀신같이 알아차리고 "요즘 반찬에 신경을 안 쓰네!", "집 좀 치워야겠는데!"라고 말하곤 했다. 화를 내면서 말한 것도 아닌데 무척 기분이 상한다. 나도 그러는데 아이들은 내 잔소리가 얼마나 듣기 싫을까!

"일어나야지?", "학교 안 갈 거야?", "밥 빨리 먹어야지!", "숙제 했어?", "잘려면 빨리 씻어야지!", "이 닦았니?", "얼른 자야지!"

일어날 때부터 잘 때까지 모든 일에 간섭이다. 나라도 정말 듣기 싫겠다. 충분히 스스로 할 수 있는 나이임에도 말해 주지 않으면 하지 않을 거란 내 생각 때문에 매일매일 반복해서 말하고 있었다. 말하는 나도, 또 듣는 아이들도 더 이상 듣기 싫은 말들이 분명하다. 하지만 아무리 하지 않으려 해도 나도 모르게 또 말하고 있었다.

그래서 나는 간섭하지 않는 하나의 방법으로 무언가에 도전하는 것을 생각해 보았다. 아이들이 아닌 다른 곳에 정신을 팔아 보는 것이다. 내가 이런 생각을 하게 된 것은 우연한 기회로 대학교에서 강의를 하게 된 후부터였다.

내가 졸업한 대학교에서 실습을 앞둔 학생들을 위한 오리엔테이션이 열리는데, 그 오리엔테이션의 한 과정으로 현장에서 일하는 선배들의 초청 강의가 있었다. 그런데 그 초청 강의 제의가 나에게 들어온 것이다. 처음에는 무척 두려웠다. 대학생 120여 명을 대상으로 강의를 한다는 것 자체가 나에게는 상상도 못했던 일이었고, '과연 내가 할 수 있을까!' 걱정만 앞섰다.

하지만 나도 모르게 하겠다고 덥석 대답을 했고, 대답하고 나니 창피를 당하지 않기 위해서라도 준비를 할 수밖에 없었다. 실습을 앞둔 후배들에게 어떤 내용으로 무슨 말을 해야 도움이 될지 고민에 고민을 거듭해서 파워포인트 자료를 만들고 시나리오를 써서 외운 다음, 연습하고 또 연습했다.

그렇게 준비해서 난생처음 해 본 강의는 기대 이상이었다. 난생 처음 해 보는 일에 떨기보다는 나를 보고 있는 후배들과 눈빛을 주고받으며 강의를 진행하고 있는 나를 느끼면서 잠재되어 있던 내 모습에 놀랐다.

강의가 끝난 후 몇 명의 후배들이 뛰어나와 나에게 명함을 요청했고, 실습을 앞두고 좋은 정보를 주어 고맙다는 문자도 보내 주었다. 또 며칠 후엔 공무원 준비를 하고 있다며 메일로 고민을 보내온 후배도 있었다.

정말 뿌듯하지 않을 수 없었다. 내가 이 세상에 태어난 또 다른 이유를 찾아낸 기분이었고, 내가 하고 있는 일로 다른 사람들을 도울 수 있다는 것이 정말 기뻤다. 준비하는 과정은 힘들었지만 결과는 상상할 수 없을 만큼 달콤했다.

그 후 강의평가가 좋았는지 그다음 해 또 한 번의 강의 요청이 들어왔다. 하지만 나는 첫 번째 강의 경험에서 얻은 자신감을 믿고 많이 준비하지 않은 채 강단에 올랐고, 그 결과 쓰디쓴 실패를 경험할 수밖에 없었다.

강단에 서자 첫 번째 했던 강의 때와는 달리 후배들의 눈빛이 따뜻하지 않았고, 강의를 듣고자 하는 분위기가 형성되지 않았다. 순간 당황하게 되었고, 당황하니 말이 제대로 나가지 않았다. 표정도 굳어지고 등줄기로 땀이 흐르면서 한 시간이 세 시간처럼 느껴졌다. 어떻게 마무리한지도 모른 채 그렇게 아쉽게 강의가 끝났다.

돌아오는 차 안에서 자만했던 내 모습이 부끄러워 얼굴이 화끈거렸다. 하지만 첫 번째 강의에서는 느낄 수 없었던 '준비의 필요성'을 깨달았고, 마음은 쓰렸지만 기분은 참 좋았다. 나는 그 경험을 발판 삼아 기회가 오면 뭐든 도전해 보기로 했고, 그런 자세로 살다 보니 차츰 기회가 찾아오기 시작했다.

맨 처음 찾아온 기회는 직장 내에서 개최된 발표대회였다. 그때 팀 대표로 발표할 수 있는 기회가 왔고 나는 기쁜 마음으로 "네! 한번 해 보겠습니다!" 하고 대답할 수 있었다. 나를 믿고 맡겨 준 사람에게 피해를 끼치고 싶지 않은 마음에 열심히 연습했고, 그 결과 우리 팀이 대회에서 1등을 할 수 있었다.

그 대회의 수상 경험은 발판이 되어 또 하나의 기회를 물고 왔다. 조금 더 큰 무대인 행정자치부 주관 전국 지방자치단체 예산효율화 발표대회에 설 수 있는 기회가 주어졌고, 나는 그 대회에 나가 대통령상을 수상했다. 나조차도 믿기지 않을 만큼 놀라운 일이었다.

하나의 기회에 도전하고 나니 또 하나의 기회가 다가왔고, 얼마 전 지방자치 경영대전에서 또 한 번의 대통령상을 수상하게 되었다. 기회의 문은 점점 더 커져 지금은 우리 시를 홍보하는 리포터의 기회까지 주어져 열심히 활동 중이다. 그 뒤로 나는 내게 '부탁'이라는 이름으로 다가오는 일들을 '기회'라고 생각하게 되었고, 기회라는 이름으로 다가온 새로운 일들에 도전하다 보니 점점 자신감이 붙었다. 그리고 도전하고 연습하면 뭐든 할 수 있다는 깨달음을 얻었다.

새로운 일에 대한 도전 덕분에 아이들을 간섭하던 시간이 도전을 준비하는 시간으로 바뀌었고, 이에 따라 잔소리가 저절로 줄어들었다. 그리고 아이들에게는 도전하는 엄마의 모습을 자연스레 보여 줄 수 있었다. 엄마가 도전하고 연습하는 모습을 몇 해 동안 봐 온 아이들은 도전하는 것을 어렵지 않은 일로 생각했고, 아이들 또한 무언가에 도전해 보기 시작했다.

내가 도전하는 모습을 가장 관심 있게 지켜본 큰딸이 3학년 때에는 학급대표 활동을 해 보고 싶다며 도전하더니, 학급대표가 되어 활동을 했다. 그리고 4학년 때에는 수업으로 진행되었던 자치단체장 선거에 시장으로 출마해 당선되기도 했다. 또 5학년 때는 학생부회장이 되고 싶다는 계획을 세우더니 4대 1의 경쟁률을 뚫고 당선되었고, 학생부회장 임기를 마칠 때쯤 6학년 땐 전교학생회장을 해 보고 싶다며 도전하더니 일주일간의 치열한 선거운동 끝에 전교 학생회장에 당선되었다.

물론 이 같은 큰딸의 도전이 엄마의 영향으로 시작된 것만은 아닐 것이다. 하지만, 새로운 일에 대한 도전은 내가 아이들을 간섭하는 시간을 줄여 주었고, 간섭하지 않으니 아이들은 자연스레 사소한 일에서부터 스스로 결정하는 연습을 많이 해 볼 수 있었다.

사람은 어떤 일을 스스로 결정했을 때 삶의 만족도가 높아진다고 한다. 어쩌면 부모들의 지나친 관심이 간섭이 되어 아이들의 자기결정권을 빼앗고 아이들이 스스로 행복해질 수 있는 기회를 박탈하고 있는 것일 수 있다.

오늘도 나는 나의 간섭과 독촉으로 아이들의 행복을 빼앗지는 않았는지 하루를 되돌아본다. 그리고 내가 한 간섭의 정도로 도전에 대한 나의 열정을 가늠해 본다.

오늘
행사 있어요?

● ●

●

　자기를 알릴 수 있는 방법에는 여러 가지가 있다. 그 방법 중 하나로 옷을 사용하는 경우가 많다. 여자라면 더욱 그렇다. 옷이 날개라는 말이 있듯이 옷 하나로 사람의 인상이 한순간에 달라 보이는 것은 어쩔 수 없는 일인 것 같다.

　늘 청바지에 티를 입고 다니던 직원이 어쩌다가 정장을 갖춰 입고 오면 지나쳤던 눈길이 다시 돌아간다. 그리고 "오늘 선보러 가도 되겠다!"라며 칭찬의 말이 나도 모르게 흘러나온다.

대학을 졸업하자마자 어린 나이에 직장 생활을 해서인지 처음에는 청바지에 티를 많이 입고 출근했었다. 근무하는 곳이 동사무소나 면사무소로 트럭을 몰고 다니는 일이 잦았기에 공식적인 행사가 아니면 대부분 편한 옷을 입고 출근했다.

그렇게 12년간 면사무소와 동사무소에서만 근무하다 처음으로 시청으로 인사발령이 나면서 본청에서 근무하게 되었다. 주민들을 만나는 일보다는 상급기관에서 내려오는 일들을 처리하는 일이 많았고, 내가 맡은 업무 특성상 각 기관의 장이나 중간관리자를 만나는 일이 잦았다. 그러면서 정장을 즐겨 입기 시작했다.

처음에는 직원들이 정장을 입고 다니는 나를 보면 "오늘 어디 가?", "오늘 행사 있어?" 같은 말들을 자주 했다. 어디 가지도 않았고 행사도 없었지만 정장을 입고 출근하는 기분이 참 좋았고, 그러다 보니 매일 입게 되었다.

정장을 입고 출근했을 때와 편안한 옷을 입고 있을 때의 내 행동은 사뭇 달랐다. 편안한 옷을 입으면 말과 행동이 자유로워져 자칫 브레이크가 고장 난 자동차처럼 스스로를 제어

할 겨를도 없이 돌이키지 못할 언행을 저지르기도 했다. 하지만 이미 엎질러진 물, 후회해도 소용없는 일이다.

정장을 입기 전에는 옷으로 내 행동을 바꿀 수 있을 거라는 생각을 한 번도 해 본 적이 없었다. 옷은 피부 보호, 자기만족, 나를 좀 더 멋지게 보일 수 있는 수단이라고만 생각해 왔다. 어쩌다 입은 정장은 많이 불편했고, 퇴근해서 옷을 갈아입으면 세상을 다 가진 듯 편안했기에 정장은 행사용 옷으로만 착용했다.

치마정장을 입은 날, 바닥에 앉아 밥을 먹는 곳에 가기라도 하면 먹는 동안 발이 저려 이리저리 다리를 틀어야만 했고, 다리가 저리는 상황에 걷기라도 하면 정말 창피했다.

하지만 정장을 입으면서 내 생각과 행동이 점점 달라졌다. 단정한 차림을 하고 예의에 어긋나는 말과 행동을 하는 것이 왠지 어울리지 않아 보였고, 반듯하게 옷을 입고 못된 이야기를 하고 있는 내 모습이 보기 싫었다. 마치 TV 드라마에 나오는 악역배우 같았다. 나는 악역보다는 선한 역할로 멋지게 승리하는 배우이고 싶었고 그런 마음으로 말과 행동을 절제

해 실수하는 일이 차츰 줄어들었다.

또 정장을 입으면서 아이를 낳고 흐트러져 가는 몸매를 관리하는 데 많은 도움이 되었다. 편한 옷은 음식을 먹을 때 불편함을 느낄 수 없다. 그러다 보면 먹는 양이 늘어나고, 나도 모르는 사이 몸무게가 늘어나 있었다. 하지만 정장을 입고 음식을 먹으니 많이 먹는 것이 힘들었고, 어느새 1~2킬로그램이 늘었다가도 타이트해지는 옷을 느끼면서 저절로 양을 조절할 수 있었다. 또, 평소 소화기능이 약한 나에게 소식을 하게 해 주는 최고의 방법이 되어 주었다.

그리고 정장을 입었을 때와 편안한 옷을 입었을 때 사람들이 나를 대하는 자세가 달랐다. 편안한 옷을 입고 말했을 때의 전달력과 정장을 입고 말했을 때의 전달력은 확연히 달랐고, 처음 만나는 사람들도 내가 정장을 입고 있을 때 명함을 건네주며 예의를 갖춰 대하는 일이 많았다.

이렇듯 정장의 불편함을 참아 낼 만한 여러 가지 이유가 나에겐 충분했다. 이런 사유로 정장을 즐겨 입다 보니, 가끔 웃지 못할 해프닝도 벌어졌다. 주말에 편하게 옷을 입고 다니다가 업무상 만났던 분들과 마주치면 나를 못 알아보는 것이었다. 나는 그 일로 정장을 입었을 때와 입지 않았을 때의 이미지 차이를 실감하게 되었다.

자신의 이미지를 부각시킬 수 있는 옷은 사람마다 다르다. 꼭 정장이 아니더라도 나의 말과 행동을 멋지게 변화시킬 수 있는 옷이라면 만족스러운 삶을 만드는 좋은 수단이 될 수 있다. 하지만 '내가 바라는 나'를 만들어 주는 것은 옷이 아니라 바로 자신감이라는 사실을 잊어서는 안 된다.

세상 모든 엄마들이여! 자신감을 입자!

화는
바람과 동급

9급 공무원이란 직업이 지금처럼 인기 있는 직업은 아니었다. 취업이 점점 어려워지고 기업의 퇴직이 빨라지면서 정년이 보장된 공무원이 안정적인 삶을 원하는 사람들에게 각광받는 직업으로 떠올랐고, 나는 이제 막 인기가 상승하려던 시절에 운 좋게 들어오게 되었다.

나는 내가 나고 자란 도시에서 고등학교까지 마쳤다. 내가 사는 도시에서는 나름 괜찮은 성적이었기에 졸업하면 당연히 대학교에 입학할 수 있을 것이라 생각했다. 우물 안 개구리 같은 생각으로 고등학교를 졸업하고 처음으로 우물 밖을 나와 본 개구리가 생각지도 못한 환경을 만나 허둥대다가 가정 형편이 어떠한지도 모른 채 사립대학에 들어갔다.

비싼 돈을 내며 학교를 다녔지만 장학금도 받지 못했고, 졸업을 한 학기 앞둔 시기에도 취업 생각을 전혀 하지 않던 철없는 딸이었다. 그렇게 대학 4학년 2학기를 보내던 중 친하게 지내던 같은 학과 친구가 공무원 시험 준비를 한다며 서울로 올라간다고 했을 때, 처음으로 공무원이란 직업을 알게 되었다.

그때까지 공무원이 무슨 일을 하는 직업인지 몰랐지만, 내가 나고 자란 고향으로 응시해 합격하면 그곳에서 살 수 있다는 것이 좋아 공무원 시험에 도전해 보기로 마음먹었다. 그리고 전공에 맞는 사회복지직렬에 응시해 운 좋게 합격했다.

처음으로 발령받은 곳은 동사무소였다. 동사무소라는 기관에서 내게 맡겨진 업무를 하며 내 이름이 새겨진 공문이 처음으로 만들어졌을 때, 나는 묘하게 설레고 뿌듯했다. 내 이름을 걸고 지역을 위해 일할 수 있다는 것이 참 기분 좋았다. 또, 주민들이 필요로 하는 일을 해 줄 수 있는 위치에 있음이 즐겁고 신기하고 재미있었다.

하지만 초심을 유지하기는 어렵다고 했던가! 정말 세상에 쉬운 일은 없었다. 업무상 복지와 관련된 일을 하다 보니, 마음에 상처가 있는 주민들을 만나는 일이 많았다. 어렵게 사는 분들을 도와주는 보람도 컸지만, 나라의 도움을 당연시 여기는 분들도 있었다.

그런 생각을 가진 분들은 명절 이웃돕기 물품이 제공될 때면 왜 나는 주지 않느냐며 소리를 지르기도 했고, 대학을 졸업하자마자 들어와 모든 것이 미숙했던 나를 잠깐 일하는 학생으로 여기고 무시하는 분들도 있었다. 시간이 갈수록 업무는 늘어났고 매일 힘들다고 찾아오는 주민들을 만나는 일이 힘겹게만 느껴졌다.

술에 잔뜩 취한 채 주기적으로 찾아와 불만을 가득 늘어놓는 분들이 발령 나는 곳마다 있었고, 민원 응대가 조금이라도 마음에 안 들면 시장실이나 인터넷에 글을 올려 경위서를 쓰게 만드는 민원인도 있었다. 힘들다고 생각하니 계속 힘든 일들이 생겨났고, 나 또한 점점 주민들에게 공격적으로 변하고 있음을 느낄 수 있었다.

그러던 어느 날, 나에게 잔뜩 화를 내던 민원인과 몇 십 분간 실랑이를 하게 되었다. 그러다 보니 나도 화가 치밀어 오르기 시작했고, 그 상황이 정말 벗어나고 싶을 만큼 싫었다.

'왜 저 사람 때문에 나까지 화가 나야 하지?'

내 앞에 온 그 사람도 화를 내고 싶어서 내는 것은 아닐 것이다. 분명 다른 곳에서 화가 날 만한 일이 있었을 수도 있고, 화가 나서 주체할 수 없을 무렵 하필 내 앞에 서게 되어 내가 괜히 돌을 맞은 것일 수도 있다. 생각해 보니 상대방이 줘도 받지 않으면 그만인 것을, 주는 대로 모두 받고 내가 나를 화나게 하고 있었다.

그때부터 나에게 다짜고짜 화를 내는 사람들이 오면 내뿜는 화를 받는 대신 옆으로 흘리는 연습을 했다. 흘리는 것은 참는 것과는 다르다. '참는다'는 것은 상대방이 주는 화를 내 안에 받아들인 상태로, 참다 보면 화가 쌓여 나중에 크게 폭

발하게 된다. 반면 '흘린다'는 것은 화를 바람처럼 내 곁을 스치도록 놔둔다는 의미로, 내 안에 어떤 나쁜 것도 남지 않는 상태라고 할 수 있다.

이런 연습을 계속하다 보니 주민을 대하는 일이 점점 편안해졌고, 화를 내는 분에게도 끝까지 침착하게 응대할 수 있게 되었다. 내가 나를 평가해도 정말 큰 변화가 아닐 수 없었다. 그렇게 시간이 지나 주민을 대하는 나의 내공이 점점 강해지면서 마음이 동요하는 일이 줄어들었다.

화를 낼 만한 상황에서도 웃고 넘기는 나를 본 동료 직원들은 놀라기도 했고, 가끔은 속이 빈 사람으로 보기도 했다. 하지만 모르는 말씀. 화가 안 난 게 아니다. 나도 화가 난다. 하지만 그냥 바람처럼 지나가도록 잠시 놔둘 뿐이다. 이렇게 화를 대하는 내 자세가 변하자 아이들에게도 화를 대하는 다른 방법을 말해 줄 수 있었고, 아이들이 서로 싸우고 좋지 않은 감정을 뿜어낼 때에도 휘둘리지 않을 수 있었다.

"지환아! 화는 바람처럼 스쳐 지나가는 거야. 지환이가 지난 일로 계속 화를 내고 있는 건 바람을 꽉 붙잡고 있는 것과 같아. 바람을 붙잡고 있는 모습을 상상해 봐. 웃기지? 바람처럼 지나가게 놔두자."

이렇게 말해 줄 수 있는 여유가 생겼다. 아이들이 싸우고 와서 불만 가득한 표정과 짜증 가득한 말을 듣다 보면 나까지 덩달아 화가 났었다. 하지만 화는 바람이라고 생각한 후부터는 바람처럼 지나가게 할 수 있었고, 나조차 이런 나의 변화가 정말 놀라웠다.

지금도 욱하고 올라오는 감정이 느껴질 때가 많다. 하지만 화를 흘려버리는 연습을 하고부터는 동요되지 않는 마음이 어떤 마음인지 어렴풋이나마 알게 되었고, 지금은 그 마음을 넓혀 나가기 위해 노력하고 있는 중이다.

욱하는 감정이 느껴지는 순간! 나는 나를 화나게 한 사람보다 화를 내려고 하는 나를 먼저 보려고 애쓴다. 그러면 화가 나려던 것도 주춤해지고, 그렇게 주춤하는 동안 화가 바람처럼 곁을 스치고 지나가 버린다.

나는 오늘도 주문을 외운다. 화는 바람이다. 스치고 지나

가는 바람이다. 언제든지 올 수 있고 아무것도 남기지 않는
바람이다.

일을 재미있게 하는
비법

몇 달 전 일이다. 밤에 잠을 잘못 잤는지 어깻죽지에 약한 통증이 느껴졌다. 괜찮아지겠지 하고 하루를 보냈는데 통증은 더욱 심해져 움직일 때마다 "엇! 엇!" 하는 신음 소리가 절로 나왔다. 등을 굽히기도 수그리기도 힘들었고 움직일 때마다 예고 없이 찾아오는 꿈쩍꿈쩍한 통증이 견디기 힘들었다.

그런 나를 보던 한 직원이 걱정 끝에 한마디 했다.

"한의원 가서 침 맞고 와!"

이에 나는,

"어디 한번 뱉어 보세요! 맞아 볼 테니!"

하며 등을 돌려 댔다. 직장 내에 작게나마 웃음꽃이 피었다.

하루는 직원들이 출장을 다녀왔다. 더운 여름 현장에 나가 민원봉사를 하고 오는 날이면 땀으로 목욕을 하고 들어온다. 그날도 무척 더웠고 옷이 땀에 흥건히 젖어 들어온 직원들을 보니, 무언가를 가져다 드리고 싶었다. 냉장고를 열어 보니 마침 오미자 엑기스가 있었고, 시원한 얼음물에 엑기스를 넣으니 색이 꼭 피처럼 붉었다. 그래서 차를 가져다 드리며 말했다.

"더운 날 고생 많으셨죠? 피가 모자라실 것 같아 제 피를 좀 뺐습니다."

"그래!!!"

라며 웃음이 빵 터지더니, 쭉 들이켜고 야심차게 던지는 한마디.

"당뇨가 있는가 봐! 피가 좀 달구만!"

사무실 식구 모두 한바탕 웃음보가 터졌다.

나는 전화가 뜸한 점심시간과 퇴근시간에 일의 집중도가 높아진다. 그러다 보니 퇴근시간이 지나도 집에 가지 않고 컴퓨터를 뚫어져라 보고 있는 나에게 퇴근하는 직원이 한마디 한다.

"안 가요?"

"네. 안 갑니다."

"왜요?"

"저는 태어날 때부터 안가로 확정되어 있었습니다."

나는 이런 식의 유머를 참 좋아한다. 남을 웃기는 재주는 없지만 동음이의어의 반전을 활용하면 생각지 못한 그림이 그려지면서 피식 웃을 수 있었다. 상대를 봐 가면서 해야겠지만, 내 답변으로 사람들이 '피식' 웃으면 참 기분이 좋았다. 웃겨서 웃기보다는 어이없어서 웃는 것 같지만, 어찌 되었든 기분 나쁜 웃음은 아니었다. 그리고 상대방이 웃으니 나도 한 번 더 웃을 수 있어서 자주 농담을 즐기게 되었다.

TV를 잘 보지 않아 아재개그가 언제부터 유행했는지는 잘 모르지만, 내가 즐겨 하는 농담을 사람들은 '아재개그'라고 불렀다. 나름 웃음을 만들 수 있는 순간을 찾아 한마디를 던지면 웃음이 될 때도 있었지만, 어쩔 때는 야유로 돌아오기도 했다.

하지만 야유를 받아도 상처가 되지 않았다. 열 번 중 한 번만 성공해도 성공을 통해 얻을 수 있는 기쁨이 더 컸기에 끝까지 포기하지 않았다. 내 아재개그를 듣고 '피식' 웃는 직원들을 보면 덩달아 나도 기분이 좋아졌고, 내가 던진 한마디를 받아치고 상황을 더 재미있게 만들어 주시는 분들 덕분에 일을 재미있게 할 수 있었기 때문이다.

집에 가서도 가끔 웃겼던 상황들이 생각나면 혼자 있을 때도 피식피식 웃음이 나왔고, 성공하지 못했던 상황이 떠오를 때면 '뭐라고 말했어야 웃겼을까?'라고 다시 생각해 보기도 한다.

몇 마디의 말로 한순간 많은 사람을 폭소케 하는 사람들을 보면 정말 대단하다는 생각이 든다. '사람과 사람 사이에 대화가 오가는 그 짧은 순간에 어떻게 저런 말을 생각해서 웃게 할 수 있을까?'라는 생각에 존경스러운 마음이 들 정도다.

이렇게 유머에 관한 생각이 많아 종종 유머에 관한 책을 사서 읽는다. 최근 읽은 『유머가 능력이다』라는 책에 나온 한 개그맨의 인터뷰 내용이 마음에 남았다.

'양세바리'라는 애칭으로 유명해진 양세형이라는 사람인데, 어려서부터 남들을 웃기는 것이 재미있어 개그맨이라는 직업을 택했지만 자신의 개그가 늘 웃음이 되지는 않았단다. 그래서 평상시 웃음을 줄 수 있는 말과 상황이 떠오를 때마다 기록했다고 한다. 또 깝죽대며 개그를 하다 선배들한테 혼이 나면서 개그 수위를 조절하는 법을 몸으로 익혔다고 한다.

진솔한 인터뷰 내용을 읽으면서 개그맨도 더 나은 웃음을 선물하기 위해 끊임없이 연구한다는 것을 알게 되었고, 나는 다짐하게 되었다. 지금보다 더 많이 웃어 주기로. 나에게 웃음을 주기 위해 유머를 던진 사람에게 내가 줄 수 있는 최고의 선물은 웃음이었다. 그 생각으로 나는 웃는 일이 더 많아졌다.

웃으면 복이 온다고 했던가! 자주 웃으니 좋은 일이 더 많이 생기는 것 같았고, 웃으니 기분이 좋아져 웬만한 일은 그냥 지나칠 수 있는 여유가 생겼다. 그리고 내가 기분이 좋으니 아이들도 덩달아 좋아졌다.

일하는 엄마들은 웃을 거리를 만들어 일부러라도 많이 웃어야 한다. 엄마가 웃으면 아이도 행복해지기 때문이다. 웃자! 하하하 ^^

학교

이렇게 하나씩 하나씩 작은 일들을

성취해 가는 동안 역경을 이겨 나갈 수 있는

힘이 자연스럽게 길러져, 마침내는

마음이 단단한 어른으로 자라날 것이다.

숨바꼭질 NO!
숨바생각질 YES!

•
•

얼마 전 아들이 오늘은 운이 좋지 않은 날이라며 학교에서 있었던 일을 들려주었다. 내가 이해한 상황은 이렇다.

새 달이 되어 자리를 바꾸는 날이었는데, 다른 친구들은 모두 자리를 정했고 자기를 포함한 세 명이 자리를 정하지 못했다고 한다. 그중 한 명이 원했던 자리는 나머지 두 명이 원하지 않아 그 자리에 앉기로 결정되었고, 나머지 두 명이 같은 자리에 앉고 싶어 했다는 것이다. 그래서 공평하게 가위바위보로 결정하기로 했고 아들이 이겨 원하던 자리에 앉을 수 있게 되었다.

그런데, 선생님이 무슨 이유에서인지 아들을 다른 자리에 앉으라고 했고, 가위바위보에서 진 친구를 그 자리에 앉도록 했다고 한다. 아들은 너무 화가 난 나머지 눈물을 흘리며 가방을 메고 교실을 뛰쳐나갔고, 당황한 선생님은 뛰어가는 아들을 잡기 위해 친구들에게 달려가서 잡으라고 했고, 결국 아들은 잡혀서 교실로 들어오게 되었다고 한다.

"엄마! 오늘 너무 억울하고 기분 나빠서 울었어요. 엄마가 선생님한테 전화해 주면 좋겠어요."

아들 말만 들어 보면 정말 억울하고 분할 만했다. 정정당당히 가위바위보를 해서 이겼는데, 선생님이 가운데서 그 자리에 앉지 못하게 했기에 부당하다는 생각이 들었을 것이다. 하지만 아이들은 자신의 입장에서만 말하는 경향이 있었기에 어떻게 해야 할지 고민되었다. 그렇게 한참을 고민하고 있는데, 아들이 또다시 말문을 열었다.

"엄마! 제가 앉게 된 모둠에 제가 싫어하는 애들이 세 명이

나 있단 말이에요! 서진이는 안 씻어서 더럽고요! 민혁이는 선생님 말을 안 듣고요! 성연이는 정말 짜증나요!"

이번에 한 모둠이 된 친구들이 교실 분위기를 이끄는 친구들은 아니었던 모양이었다. 그래서 그 친구들은 무엇을 잘하는지 물었다. 그랬더니 대뜸,

"몰라요! 잘하는 것 없어요!"

라고 대답했다. 그래서 엄마는 그 친구들이 무엇을 잘하는지 궁금하니 내일 친구들을 관찰해 보고 잘하는 것이 무엇인지 알려 달라고 했다. 하지만 아들은 아직 뭔가 덜 풀린 시무룩한 표정으로 자겠다며 방으로 들어갔다.

아이들이 잠든 후, 아들에게 있었던 이야기를 남편에게 했다. 지환이가 하는 말 중에 뭔가 빠진 것이 있는 것 같으니 선생님께 이야기해서 물어보는 것은 어떤지에 대해 이야기를 나눴고, 남편은 반대했다. 뭔가 이유가 있어서 그랬을 것 같다는 생각에서였다.

이윽고 다음 날 아침이 되었다. 일어나서 학교 갈 준비를 하던 아들이 아침 준비를 하고 있는 나에게 다가와 말했다.

"엄마! 오늘 선생님께 전화해 주실 거죠?"

난감했다. 난감해하고 있는 찰나, 거실에 있던 남편이 아들을 불렀다. 남편과 지환이가 나누는 이야기를 대충 들어보니, 남편은 아들이 다른 곳을 바라볼 수 있도록 시선을 돌려주고 있었다.

"지환아! 선생님이 지환이가 선생님 말씀도 잘 듣고 열심히 하니까 아직 집중을 잘 못하는 친구들 도와주는 역할을 해 보라고 그 자리에 앉히신 것 같은데!"

남편은 아들에게 그 자리에 앉게 된 특별한 이유를 심어 주고 있었다. 나도 출근을 해야 했기에, 아니라고 강력히 부정하며 억울한 표정을 짓고 있는 아들을 뒤로한 채 집을 나섰다.

그렇게 하루가 가고 저녁이 되었다. 조금 늦게 퇴근한 내가 식탁에서 혼자 밥을 먹고 있는데 아들이 다가와 이렇게 말했다.

"엄마! 서진이는요 그림을 아주 잘 그리고요, 민혁이는 집중력이 아주 좋아요, 그리고 성연이는 만들기를 아주 잘

해요!"

밥을 먹다가 깜짝 놀랐다. 어제 내가 했던 말을 흘려듣지 않고 실천해 본 것이다. 너무 싫어하기에 귀담아듣지 않았을 거라 생각했는데 행동으로 옮기다니! 참 많이 고맙고 기뻤다.

"우와! 우리 지환이 대단하다! 어떻게 하루 만에 친구들이 잘하는 점을 찾을 수가 있을까? 정말 대단하다!"

하며 칭찬을 해 주고는 또 다른 주문을 했다.

"지환아! 내일은 친구들에게 지환이가 발견한 장점을 직접 말해 주고 친구들이 지환이 말을 듣고 뭐라고 대답했는지 엄마한테 이야기해 주라!"

그다음 날, 아들이 웬 종이쪽지 한 장을 가져왔다.

이서진 : 아무 말 없음

박민혁 : 뭐 부탁할 것 있어? 머리 때림

김성연 : 무시

이렇게 적힌 종이였다. 친구들한테 용기 내서 말했는데 친구들이 이랬다며 엄마한테 보여 주려고 적어 왔다고 했다. 웃음이 나왔다. 엄마 아빠의 의견을 받아들이고, 받아들인 생각대로 행동하고 있는 아들이 참 기특했다. 그리고 남편이 아들에게 해 줬던 말처럼 선생님이 친구들을 도우라고 그 모둠에 앉게 한 것이 맞느냐고 물으니, 그런 것 같다고 대답했다.

나는 이번 일을 겪으면서 깨달았다. 내 앞에 벌어진 상황을 잘 해결하려면 한 발 물러선 곳에서 바라봐야 한다는 것을 말이다. 보이는 대로가 아닌 보이지 않는 것 속에 나를 위한 더 좋은 선물이 숨어 있다는 것을, 자라는 동안 한 번, 두 번 경험하면서 아무리 힘든 일이 다가와도 그 속에 숨어 있는 좋은 것을 찾아낼 줄 아는 멋진 사람으로 자랄 것이다. 유년 시절 숨바생각질로 생각의 힘을 키워 주고 싶다.

꼭 믿어야 할
한 사람

성인 남녀가 결혼으로 하나 된 후에 겪는 일 중 가장 감격스러운 일이 아마 아이가 태어나는 일일 것이다. 태어나자마자 따가운 주사바늘을 예고도 없이 맞고 울어대던 때가 엊그제 같은데, 어느덧 쑥쑥 자라 유치원에 갈 나이가 되고, 초등학교에 갈 나이가 된다.

잘 울지 않는 남자들도 울릴 만큼 벅찬 감격을 안겨 주며 태어난 아이를 애지중지 키우다 보면 고민해야 할 일이 무척 많다. 특히 맞벌이하는 부부에게는 더욱 그렇다. 그 고민들 중 가장 큰 고민이 아기를 돌봐 줄 사람이 없다는 것이다.

아이를 돌봐 줄 가족이 있는 상황이라면 마음 놓고 일을 할 수 있겠지만, 그렇지 않으면 예상 시기보다 더 빨리 보육시설로 향할 수밖에 없다. 이때 부모님을 대신하여 만나는 사람이 선생님이다.

선생님은 이미 내가 알고 있던 사람이 아니다. 내 아이로 인해 알게 된 사람이다. 다시 말하면 관계가 형성된 후에 내 아이를 맡기게 되는 것이 아니라, 아이를 맡긴 후에 관계를 형성하게 되는 것이다. 긴 시간 서로 마주하고 앉아 정답게 이야기를 나누며 맺어 가는 관계가 아닌, 아이를 데려다주고 데리고 오는 잠깐의 시간 동안 서로를 파악해야만 하는 어려운 관계인 것이다.

더욱이 우리는 선생님이라 불리는 사람들이 아이들에게 해서는 안 될 일들을 하고 그 일들이 영상매체를 통해 공개되고 있는 시대에 살고 있다. 이런 시대에서 선생님과 신뢰 있는 관계를 맺기란 여간 어려운 일이 아닐 수 없다.

뉴스를 통해 어린이집에서 일어난 사건을 전해 들으면 '내 아이는 아니겠지!'라고 안심하면서도 아이가 멍이 들어오기라도 하면, 또 선생님이 때렸다는 말을 하기라도 하면 의심의 불길은 순식간에 타오른다.

나 또한 의심이라는 놈에게서 자유롭지 못했던 엄마이다. 아이들이 아직 어려서 의사표현을 잘 하지 못했을 때에는 더욱 그랬다. '말도 잘 못하는 아이가 선생님한테 어떤 대접을 받았기에 집에 와서 이런 말을 할까?'라고 생각했었다.

유치원이나 초등학교 입학식에 가면, 아이가 배정된 학급을 책임지는 선생님을 소개받는다. 그리고 한 줄로 서서 인사를 하는 선생님들을 보면서 엄마들은 이렇게 이야기한다.

"휴~ 우리 애 반 선생님 인상이 별로네! 옆 반 선생님이 훨씬 좋은데!"

남의 떡이 더 커 보이는 걸까! 그 말을 들으면 내 마음도 동요된다. 아직 관계도 맺기 전에 멀리서 바라본 인상만으로 선생님을 평가하고 있는 것이다. 아마 평가하는 그 순간 선생님이 내 아이를 살피는 관심의 정도가 정해지지 않을까 생각된다. 이유는 엄마가 먼저 그런 기운을 내뿜었기 때문이다.

　게다가 새 학기, 새로운 환경에 적응하기 힘들어 칭얼대고 선생님이 싫다고 말하는 아이의 넋두리를 듣기라도 하면 입학식 날 본 선생님의 좋지 않았던 인상과 연결되어 의심의 불이 당겨진다. 그러면 자기 생각이 딱 맞았다고, 처음부터 그럴 줄 알았다고 확신하는 것이다.

　내 경험상 아이는 귀신이다. 안 듣는 척, 안 보는 척, 모르는 척하지만 모두 듣고 보고 알고 있다. 엄마가 자신의 선생님에 대해 어떻게 생각하고 어떻게 말하는지 누구보다도 잘 안다. 그래서 엄마가 선생님을 생각하는 만큼 아이도 꼭 그만큼 선생님을 생각한다.

　"와! 지윤이 선생님 정말 멋진 분이 되었네! 정말 좋다!"

　라고 얘기해 주면 아이는 정말 그런 줄 안다. 진짜다. 내가 해 봤다.

　사실 나도 처음 보았기 때문에 어떤 분인지 모른다. 하지만 아이가 보는 앞에서는 늘 최고의 선생님이 배정되었다고 입이 닳도록 말했다. 그러면 신기하게도 정말 그 선생님은 시간이 갈수록 최고의 모습을 보여 주셨다. 마치 말이 씨가 되는 것처럼 그랬다.

엄마들이 많이 하는 실수 중에 또 한 가지가 선생님의 뒷조사를 하는 일이다. 반을 배정받고 나면 학교에서 그 선생님을 아는 엄마들에게 전화를 걸어 어떤 분인지 묻는다. 그리고 온갖 편견을 머릿속에 집어넣은 후 새 학기 학부모 상담을 간다. 그렇게 학부모 상담을 다녀온 후엔 그 엄마 말이 맞았다며 우리 아이 선생님으로 부족하다고 생각된 부분을 사정없이 나열한다.

그 이야기를 듣고 있으면 나는 안타까운 생각이 많이 든다. 내가 편견이라는 것 때문에 손해를 본 적이 참 많았기에 얼마나 나쁜 것인지 잘 알고 있어서다.

하지만 이런 나에게도 위기가 찾아온 적이 있다. 지금껏 선생님에 대해 이렇다 저렇다 말을 한 적이 없던 아들이 선생님이 자기만 싫어한다며 학교가 가기 싫다고 말한 것이다. 왜 그렇게 생각하는지 묻고 이야기를 들어 보니, 나도 선생님이 왜 그러셨는지 이해가 잘 안 됐다.

평소 선생님에 대한 이야기가 없었던 아들이라 더욱 마음이 불편했고, 아이 이야기만 들을 수 없어서 어떤 사정인지 선생님께 전화를 드려 보려던 중 남편과 한 번 더 상의를 했다. 상의 끝에 하지 않는 것이 좋겠다고 결정하고, 아이에게 선생님이 지환이에게 그렇게 하신 더 좋은 이유를 만들어 들려주었다.

"지환아! 선생님이 지환이가 선생님 말씀도 잘 듣고 열심히 하니까 아직 집중을 잘 못하는 친구들 도와주는 역할을 해 보라고 그 자리에 앉히신 것 같은데!"

앞의 「숨바꼭질 NO! 숨바생각질 YES!」편에 이야기했던 내용이다. 그 후로 아들은 선생님에 대한 이야기를 더 이상 하지 않았다.

그리고 시간이 흘러 학교에서 추진하는 역사탐방에 선생님과 같은 반 친구 네 명이 함께 다녀오게 되었다. 그 행사는 각학급의 담임 선생님이 신청한 학생의 부모님이 출발하는 곳까지만 데려다주면 되는, 주말에 이루어지는 행사였다. 하지만 아들의 담임 선생님은 자신의 반 학생들이 많이 신청하니 직접 인솔하기로 결정했다. 달콤한 주말 동안 쉬고 싶었을 텐데도 아이들과 함께하기로 선택한 것이다. 선생님이 그런 분인 줄도 모르고, 나는 아들의 말만 듣고 괜한 전화로 자칫 선생님 마음을 복잡하게 만들 뻔했었다.

큰아이가 유치원에 처음 입학했을 때부터 지금까지 9년간 세 명의 아이로 인해 스무 명 정도의 선생님과 관계를 맺어오면서 알게 된 것은 엄마가 선생님을 믿는 만큼 선생님은 내 아이를 사랑한다는 것이다.

나는 아이 셋을 유치원에 보내는 몇 년 동안 선생님을 믿는 법을 많이 연습했다고 생각했고, 늘 선생님을 믿을 자신이 있었다. 하지만 꺼진 불도 다시 보자고 했던가! 생각지 못한 상황에서 꺼진 불이 다시 타오르는 것을 경험한 것이다. 이렇게 엄마라는 사람은 내 아이를 생각하는 동안 또 한 사람의 마음에 상처를 내고 마는, 하나만 보는 사람이 되기 쉬운 인간이었다.

요즘 어린이집의 몇몇 선생님들이 아이를 옳지 못하게 대한 일이 온 나라에 알려지면서 늘 좋은 마음으로 아이들에게 가르침을 주고 있는 훌륭한 선생님들의 사기가 점점 저하되고 있는 듯하다.

"혹시 우리 아이 선생님도 그럴지 몰라! 겉으론 웃고 있지만 내가 안 보는데 언제 그럴지 어떻게 알겠어!"

라며 의심하기 시작하는 순간, 그 말에서 뿜어져 나온 에너지가 내 아이를 위험에 빠트리고 만다.

선생님이 의심스러우면 엄마가 직접 교육시켜야 한다. 직접 할 수 없다면 최선을 다해 믿어야 한다. 그것이 선생님에게 아이를 맡기고 있는 엄마들이 가져야 할 최고이자 최선의 마음이라고 생각한다.

좋은 선생님과 나쁜 선생님을 나누는 기준은 무엇일까? 그 기준을 인간이 세우는 한, 어떠한 기준도 공평하고 정확한 기준이 될 수 없다. 저마다 가진 기준으로 평가하는 사람에 따라 달라질 수 있기 때문이다. 그렇게 내려진 기준과 평가가 마치 신이 내린 기준과 평가인 것처럼 받아들여지는 건강하지 못한 현실이 그대로 내 아이에게 전해지게 된다.

'선생님은 엄마가 믿는 만큼 아이를 사랑한다.'

이 생각은 아이가 자라는 동안 한시도 잊지 말아야 할 생각이다. 만약 혹시라도 상식적으로 납득이 안 되는 선생님을 만났다면, 아이에게 이렇게 말해 주자.

"아들아! 딸아! 너는 자라서 이런 선생님은 되지 말라고 만난 거야!"라고….

자기 밥은
자기가 떠먹는 것

나는 사교육을 그다지 좋아하지 않는다. 특히 학교에서 배우는 국어, 영어, 수학 같은 과목을 학원에 가서 더 또는 미리 배우는 사교육은 더 좋아하지 않는다. 그래서 우리 아이들은 아직까지 주요 교과목 관련 사교육을 해 본 적이 없다.

다른 엄마들은 이런 나에게 나중에 후회할 거라는 경고를 하며 중요하게 여겨지고 있는 국어, 영어, 수학이란 과목에서 방목된 우리 아이들을 위태롭게 바라본다. 하지만 내 생각에는 변함이 없다.

우리나라 아이들은 엄마들의 불타는 교육열로 어려서부터 많은 양의 공부를 하고 있고, 그 때문에 정작 열심히 공부를 해야 할 시기가 되면 지쳐서 못하게 되는 경우가 많다고 한다. 한 초등학생의 일과가 사교육으로 줄줄이 이어져 밤 10시가 넘어야 끝난다는 이야기를 접하고 나는 무척 놀랐다. 넓게 펼쳐진 자연에서 뛰놀아야 할 나이에 이 건물에서 저 건물로 옮겨 다니며 건물 한구석의 작은 의자에 앉아 잠을 자고 있어야 할 시간까지 공부를 해야 한다는 현실이 꼭 내 일처럼 느껴졌다.

'나도 야근하면 힘든데, 그 아이는 얼마나 힘들까!'

우리나라의 현실이 서글펐다. 그러다 보니 나는 아이가 자연과 함께 어린 시절을 보내는 것이 행복하게 자라는 길이라고 생각하게 되었고, 아이가 자라는 동안 공부하라는 소리를 하지 않는 부모가 되어야겠다고 마음먹었다.

하지만 남편은 내 생각과 달랐고, 학년이 높아질수록 공부에 대한 관심은 높아져 갔다. 공부하라는 소리를 안 하는 부모가 되고 싶었지만, 남편은 국어, 영어, 수학을 놓고 있다가 다른 아이들에게 뒤처지면서 자신감을 잃게 될까 걱정했다.

하지만 나는 그런 남편에게, 자신이 해야겠다는 마음만 먹으면 다른 아이들이 1년 동안 배운 것들을 3개월만에도 배울 수 있다며 아이들이 건강하고 행복하게 자라는 것에 목표를 두자는 말로 남편을 설득했다.

잠시 나의 설득에 주춤하던 남편은 한 달도 채 되지 않아 다시 불안함을 느꼈고, 아이들과 서점에 가서 수학 문제집을 사 가지고 들어왔다. 엄마 아빠가 교육에 대한 생각이 다르면 중간에 낀 아이들은 무척 혼란스러워 한다. 그래서 나는 남편과의 상의 끝에 최소한의 공부는 스스로 할 수 있게 하자는 데 의견을 모았다.

스스로 하는 공부인 만큼 양은 최소화했다. 국어는 자기가 읽고 싶은 책을 읽는 것으로, 수학은 매일 두 장씩 문제집을 푸는 것으로, 영어는 구입한 학습기로 매일 30분씩 혼자 공부하는 것으로, 하루에 한 시간 정도면 충분히 해낼 수 있는 만큼만 하게 했다.

국어, 영어, 수학 과목에 대해 따로 사교육을 받는 대신, 학교에서 수업을 들을 때 집중해서 들으라며 독려하고 집에 돌아와서는 배운 것을 스스로 공부할 수 있도록 몇 가지를 정해 스스로 공부하게 한 것이다.

하지만 아이들은 이마저도 힘들어했다. 해 놓기로 한 공부를 최대한 미루다가 잠 잘 시간이 다 되어 아빠가 "오늘 할 것 했니?"라고 물어보면 그때서야 시작했다. 그러면 그때부터 졸린 눈을 비벼 가며 약속한 공부를 모두 하고 자야 했다.

나는 그 모습을 볼 때마다 무척 안타까웠고, 내 생각과는 달리 공부로 아이들 마음을 불안하게 하고 있는 것 같아 괴로웠다. 그래서 남편이 들어오지 않는 날이면 나는 아이들의 공부를 굳이 확인하지 않았고, 그러다 보니 아이들은 아빠가 들어오는 날에만 공부를 해 놓았다.

그랬더니 퇴근 시간이 되면 아빠가 오늘 집에 오시는지 전화를 걸어 묻기 시작했고, 오신다고 하면 한숨과 함께 해 놓기로 한 공부를 하고 안 오신다고 하면 편안한 저녁을 맞이하는 일상이 시작되었다.

이런 분위기를 눈치 챈 남편은 점점 자신이 집에 오는 날을 부담스러워하는 아이들을 보고 나도 인기 있는 아빠가 되고 싶다며 나에게 아이들 공부를 체크하라고 했다. 하지만 나는 그 일이 무척 힘들었다. 나 또한 무언가에 메여 억지로 하는 일을 싫어하기에 스스로 하고 싶은 마음이 들 때까지 기다릴 줄 아는 엄마이고 싶었기 때문이다. 고민에 빠지는 순간이었다.

세 명의 아이들이 행복하게 자라길 바라는 것은 나나 남편이나 같은 마음이지만, 지난 몇 년간 계속 의논해도 남편의 생각은 다시 원점으로 돌아갔다. 누군가 한 명은 조금 물러서야겠다는 생각이 들었고, 생각 끝에 내가 조금 물러서기로 했다. 억지로 하는 공부로 스트레스 받을까 걱정하는 생각 대신, 매일 최소한의 공부를 스스로 해내는 것이 좋은 습관을 만드는 길이라 생각하기로 한 것이다.

많은 양의 공부는 아니지만 매일 조금씩 스스로 하다 보면 공부하는 방법을 스스로 터득할 수 있을 것이고, 무엇이든지 꾸준히 하는 힘을 기를 수 있을 거라 생각하니 마음이 한결

편해졌다. 덕분에 나는 편안한 마음으로 아이들이 스스로 해 놓은 공부를 확인할 수 있었다.

이제 아빠뿐만 아니라 엄마까지 확인하기 시작하니 아이들은 약간 당황한 듯했다. 하지만 엄마 아빠의 일관된 모습에 아빠가 오시는 날인지를 묻는 일이 점점 줄어들었고, 스스로 공부하는 것을 당연히 해야 하는 일로 여겨 집에 오면 별말 없이 해 놓는 날이 많아졌다.

또, 집에 와서 놀 수 있는 시간을 최대한 벌기 위해 아들은 아침 일찍부터 부지런히 일어나 영어학습기로 공부를 하기도 했다. 매일 학습한 시간이 기록되는 기능 때문에 저희들끼리 했는지 안 했는지 서로 체크를 하곤 했는데, 아들은 제일 먼저 달성하고 싶은 마음에 아침 시간을 선택한 것이다. 그 덕분에 아들은 지금 우리 집에서 제일 일찍 일어나는 새가 되었다.

그렇게 시작된 우리 아이들의 스스로 학습은 점점 습관으로 자리 잡아 가고 있다. 생각해 보니 약 4년이라는 긴 시간 동안 하다 말다를 반복하면서 어렵게 만들어 낸 습관이었다.

지금 우리 아이들이 하고 있는 사교육은 학교 수업을 마친후 학교 교실에서 진행되고 있는 방과 후 교실과 피아노뿐이다. 아이들이 교과목 외에 더 하고 싶은 방과 후 프로그램이 있을 경우 스스로 선택해서 하고 있고, 피아노는 큰아이가 초등학교에 막 입학했을 때 집까지 혼자 걸어오는 것이 안심이 되지 않아 하교를 위한 수단으로 시작하여 6학년이 된 지금까지도 꾸준히 하고 있다.

큰딸은 지난 5년간 꾸준히 배운 컴퓨터 방과 후 교실로 일곱 개의 컴퓨터 자격증을 취득했고, 5년의 꾸준한 피아노 연습으로 좋아하는 음악가인 이루마(뉴에이지 음악 피아니스트)의 음악을 연주할 수 있을 만큼 실력이 향상되었다.

아들은 공부보다는 만들기에 흥미를 두고 방과 후 교실에서 공예를 해오다가 4학년이 되면서 한자로 바꾸고 조금씩 발전하는 모습을 보이고 있다.

그리고 이제 3학년인 막내는 1학년 때부터 꾸준히 하고 있는 바둑으로 할아버지와 대국을 펼치며 기특한 손녀의 모습을 보이고 있으며, 2학년 때부터는 언니가 취득해 놓은 많은 자격증을 보고 부러웠는지 컴퓨터를 하나 더 배우기 시작하더니 지금까지 두 개의 자격증을 취득했다.

　무엇이든 꾸준히 한다는 것은 아주 큰 힘을 발휘한다. 하지만 아이들이 무언가를 꾸준하게 하려면 부모의 독려가 어느 정도 필요함을 나는 아이 셋을 관찰하며 알게 되었다. 그리고 스스로 해낸 후 얻은 결과물과 그로 인한 성취감은 아이들에게 아주 큰 기쁨이 된다는 것도 깨달았다.

　이렇게 하나씩 하나씩 작은 일들을 성취해 가는 동안 역경을 이겨 나갈 수 있는 힘이 자연스럽게 길러져, 마침내는 마음이 단단한 어른으로 자라날 것이다.

이게 없어도
살 수 있나요?

●
●

　요즘 스마트폰으로 인한 부모와 자녀 간의 실랑이는 아마 서너 살 무렵부터 시작되지 않을까 싶다. 우리 아이들이 아주 어렸을 때에는 스마트폰이 젊은이들 사이에서 막 사용되기 시작했던 때였고, 새로운 기기에 큰 관심을 두지 않았던 우리 부부는 큰아이가 초등학교에 들어갈 즈음부터 스마트폰을 사용한 것 같다.

　처음 접해 본 스마트폰은 어른인 나와 남편조차도 푹 빠지게 만들었다. 화질 좋은 카메라에 동영상 기능까지 아이들의 모습을 순간순간 쉽게 담을 수 있었고, 편히 누워서 쇼핑을 하고 궁금한 것은 무엇이든지 손안에서 바로 해결할 수 있는 최고의 물건이었다. 사용해 보니 왜 스마트폰에 열광하는지 금세 알 수 있었다.

침대에 두 다리를 쭉 펴고 누워 어디든지 갈 수 있는 스마트 폰의 매력에 어른들조차 푹 빠져 헤어 나오기 힘든데 아이들은 어떨까 짐작해 보니, 스스로 생각하고 판단할 줄 아는 힘이 길러지기 전까지는 자칫 위험한 물건이 될 수 있겠다는 생각이 들었다.

하지만 지금은 스마트폰이 난무한 세상에 아이가 태어나는 시대이다. 스스로 생각할 힘이 길러지기도 전에 스마트폰에 노출되어 자라다 보면 부모와 아이가 스마트폰을 사이에 두고 실랑이를 벌이게 되는 때가 온다.

스마트폰에는 아이들을 가만히 앉아 있게 만들 수 있는 위력이 있다. 그렇기에 아이들이 가만히 있어야 하는 상황에 직면하면 부모들은 그 힘을 빌리게 되고, 스마트폰의 위력을 경험하며 자라난 아이들은 부모에게 스마트폰을 달라며 떼를 쓰게 마련이다.

그렇게 유아기를 지나 학교에 들어갈 때쯤, 부모들은 유치원과 다르게 아이들이 어디에 있는지 알기 어려운 환경에 놓이며 한층 불안해진다. 그리고 그 불안함을 해결하기 위해 아이들 손에 쥐어 줄 무언가가 절실히 필요해진다. 어떤 부모들은 그 해결 방법으로 고민 없이 스마트폰을 사 주기도 하지만, 어떤 부모들은 추적기나 안심폰과 같은 대체기기로 아이들을 설득하며 실랑이를 벌이다가 끝내는 아이들이 원하는 스마트폰으로 결정하기도 한다.

큰아이가 1학년 때만 해도 스마트폰을 가지고 있는 아이들이 한 반에 반절이 채 못 되었다. 하지만 그로부터 5년이 지난 지금, 3학년인 막내의 반에도 스마트폰이 없는 아이를 세어 보는 것이 빠를 만큼 스마트폰을 가진 아이들이 더 많아졌고, 6학년인 큰딸과 5학년인 아들의 반은 우리 아이들을 포함해 두세 명을 제외하고는 모두가 가지고 있을 만큼 스마트폰은 아이들에게 필수품이 되었다. 아마 대도시에서는 이미 필수품이지 않을까 생각된다.

현실이 이렇지만 나는 아직 우리 아이들에게 스마트폰을 사 주지 않았다. 그렇다고 해서 스마트폰을 가졌을 때와 가지지 않았을 때의 장점과 단점을 비교·분석해 보고 내린 결정은 아니다.

다만 빌 게이츠가 자신의 아이들에게 14세가 될 때까지 스마트폰을 사 주지 않았다는 기사와 스티브 잡스 또한 아이들에게 스마트폰을 쓸 수 있는 시간을 통제했다는 기사를 읽으면서 '그렇게 똑똑한 사람들이 자신의 아이에게 자신의 발명품을 왜 주지 않았을까?' 하고 생각해 봤을 뿐이다. 분명 좋은 점보다 나쁜 점이 더 많기 때문이지 않을까!

큰딸이 초등학교 1학년 때 같은 반 친구들이 스마트폰을 가지고 오는 것을 보고 사 달라고 조른 적이 있다. 남편은 초등학교 4학년이 되면 사 주겠다고 약속했고, 시간은 너무도 빨리 흘러 큰딸이 어느새 4학년이 되었다. 4학년이 되자 남편은 이렇게 시간이 빨리 올 줄 몰랐다며 아직 스마트폰을 가질 나이가 되지 않은 것 같은데 어떻게 설득해야 할지 난감해했다. 끝내 남편은 4학년이 되기를 기다리고 있던 큰딸에게 사과를 했고, 우리는 빌 게이츠와 스티브 잡스의 이야기를 들려주었다.

"지윤아! 빌 게이츠는 돈이 엄청 많은 사람이야. 마음만 먹으면 자기 아이들에게 백 개도 넘는 스마트폰을 사 줄 수 있어. 그리고 스티브 잡스는 스마트폰을 만든 사람이야. 그 사람도 마음만 먹으면 백 개도 넘게 자기 아이들에게 줄 수 있어. 그런데 열네 살이 될 때까지 스마트폰을 주지 않았대. 왜 그랬을까?"

라는 질문과 함께 중학생이 된 후에 스마트폰을 사용하는 것이 좋겠다고 말해 주었다. 큰딸은 눈물을 흘리며 약속을 지키지 않은 아빠를 원망했지만, 고맙게도 엄마 아빠의 마음을 이해해 주었고 아직까지 핸드폰 없이 학교생활을 잘하고 있다.

스마트폰이 없는 큰딸은 친구들과 실시간으로 이야기를 나눌 수 있는 단체 이야기 방에 낄 수 없었다. 한 번은 친구 셋이서 주말에 만나 함께 우정반지를 맞추기로 했는데, 월요일에 학교에 가 보니 자기만 빼고 둘이서 만나 우정반지를 맞췄다며 슬프게 우는 일도 생겼다. 그럴 때면 '연락이 잘 안되니까 그랬을까?' 싶어 마음이 흔들리기도 했지만, 큰딸은 스마트폰이 없어도 친구들과 잘 어울려 지내는 방법을 터득해 나가기 시작했다.

큰딸은 5학년때부터 부학생회장으로 일주일에 한 번씩 만나 학교의 크고 작은 일을 논의하는 등 잦은 연락이 오가야 하는 학생회 임원활동을 하고 있지만, 스마트폰 없이도 문제없이 활동하고 있다. 내 전화번호를 친구들과 임원들에게 알려 주고 이야기 방에 참여한 후, 내가 퇴근하면 이야기 방에서 오고 간 내용을 확인하면서 활동 중이다.

이가 없으면 잇몸으로 한다고 했던가! 지금 주어진 환경에서 자신이 할 수 있는 방법을 찾기 시작한 것이다. 나 또한 아이의 사생활을 침해하지 않고 있고, 궁금해도 아이의 이야기 방은 들어가지 않는다. 그렇게 하다 보니 둘째도 셋째도 친구들의 전화번호를 하나둘 입력했고, 지금은 네 명이 한 대의 스마트폰을 공동 사용하고 있다.

최근에 아들이 조심스럽게 다가와 불쌍한 목소리로 말

했다.

"엄마! 스마트폰이 없는 것이 너무 창피해서 집에다 놓고 왔다고 거짓말을 했어요. 스마트폰 사 주면 안 돼요?"

그래서 나는 큰딸에게 들려줬던 이야기와 질문을 그대로 했고, 아들은 머리로는 이해했지만 서운한 마음은 그대로 남았는지 표정이 밝지 않았다.

하지만 나는 확신한다. 아이들이 자라 어른이 되면 어린 시절 스마트폰을 사 주지 않은 엄마 아빠 덕분에 생각하는 힘을 기를 수 있었다고, 스마트폰 볼 시간에 동생들과 누나, 언니와 재미있는 추억을 많이 만들 수 있었다고 정말 고마워할 것이라고 말이다.

그 일은
너의 일이란다

우리는 살면서 많은 선택을 한다. 그리고 선택한 일을 진행하다 보면 생각지 못한 수많은 돌발 상황에 처하게 마련이다. 나 또한 최근까지 그런 돌발 상황을 해결하는 것을 무척 두려워했다.

한 가지 예로, 옷을 샀는데 집에 와서 입어 보니 정말 마음에 들지 않았다. 그냥 있자니 돈이 너무 아까워 바꿀까도 생각해 봤지만, 특별히 눈에 띄었던 옷이 없었기에 환불을 하고 싶었다. 이럴 경우 나는 그냥 돈이 아까운 쪽을 선택했었다. 옷가게 점원에게 미안한 마음이 들었고 환불을 요청하면서 일어날 마찰이 두려웠기 때문이다. 이런 이유로 나는 내 일을 끝까지 해결하지 못하고 내가 손해 보는 쪽을 선택하며 마찰이 일어날 상황을 피했던 것이다.

하지만 꾸준히 책을 읽으면서 내가 갖고 있던 생각이 점차 변하기 시작했고, 그동안의 나는 문제가 생기면 가장 마찰이 없는 '피하기' 방법을 선택하며 살아왔음을 알게 되었다. 부딪쳐 보지도 않고 포기하는 삶을 살았던 것이다. 사소하게 일어나는 작은 일부터 피하다 보니 큰일 앞에서는 더욱 해 볼 생각도 않고 포기하는 경우가 많았다.

그것을 깨닫고 난 후, 내 삶은 많이 달라졌다. 옷가게에 가서 환불을 요청할 수 있을 만큼 담대해진 것이다. 옷가방을 가지고 들어갈 때부터 얼굴은 화끈거렸지만 환불을 하러 가게에 들어왔다는 것 자체가, 그리고 환불을 해달라고 말할 수 있게 된 것 자체가 나로서는 기적 같은 일이었다.

하지만 기적은 여기서 그치지 않았다. 화끈거리는 얼굴로 환불할 수밖에 없었던 사유를 정중하게 이야기하고 사과하며 환불해 달라고 말하면 웃기게 점원의 표정은 일그러졌지만 환불을 해 주는 것이었다. 불가능할 것 같았던 일이 내게 일어났고, 나로서는 실로 놀랍지 않을 수 없었다.

이 경험으로 그동안 내가 해 보지도 않고 안 될 것이라고 생각해 놓친 것들이 얼마나 많은지 알게 되었고, 그 후로는 되고 안 되고를 판단하기 전에 일단 예의를 갖춘 후 말해 보기 시작했다.

물론 안 될 때도 많았지만 나 스스로 당당해진 기분이 참 좋았고, 안 해 봤을 때보다는 해 봤을 때 내가 원하는 것을 더 많이 얻을 수 있다는 것도 깨달았다. 그래서 나는 아이들에게도 자신의 일은 자신이 직접 부딪쳐 보는 기회를 많이 줘야겠다고 생각했다.

아이들을 키우다 보면 돌발 상황이 참 많이 발생한다. 아이가 많으면 많을수록 돌발 상황은 더 많아진다. 우리 집 아이들은 자신의 컨디션에 따라 자신의 오후 일정을 재계획하고 쉬는 시간에 허락을 구하는 전화를 하곤 한다.

"엄마! 오늘 소풍을 다녀왔더니 너무 힘들어서 컴퓨터를 쉬고 싶어요."

"그래. 그럼 지윤이가 컴퓨터 선생님께 직접 말씀드려."

"네? 엄마가 말해 주면 안 돼요?"

"지윤이 일이잖아. 지윤이가 해결해야지. 선생님 기다리시니까 가서 말씀드리고 쉬렴."

아이가 처음으로 쉬고 싶다는 말을 했을 때, 나는 단호하게 직접 가서 말하고 쉬라고 얘기했다. 왜냐하면 부탁이나 거절은 연습해 보지 않으면 어른이 되어서도 하기 어렵다는 것을 내 경험을 통해 누구보다도 잘 알았기 때문이다.

어른들에게는 쉬운 일이지만 부모가 아닌 다른 어른에게 자신의 의견을 말한다는 것은 깜깜한 골목을 혼자 통과해야 되는 일처럼 두려운 일일 것이다. 그래도 나는 스스로 해결해 보도록 독려했고, 큰딸은 당황했지만 내 말대로 자신의 일임을 인지하고 내가 말해 준 대로 선생님께 가서 말씀을 드리고 쉬었다.

그 뒤로도 여러 가지 쉬어야 할 사유가 생길 때마다 전화를 걸어 쉬겠다고 허락을 구했고, 허락을 맡은 후에는 선생님께 직접 가서 엄마께 허락을 맡았다며 쉬겠다고 직접 말씀드렸다. 이렇게 스스로 기회가 생길 때마다 해결해 보는 연습을 하게 했고, 나는 점점 달라지는 아이들의 모습을 볼 수 있었다.

큰딸이 5학년 2학기가 막 시작되었을 때의 일이다. 학년이 올라가면서 5, 6교시를 하는 날이 많아졌고, 방과 후 교실에 학생회 회의, 관현악단, 피아노까지 매일매일 일정이 빡빡해서 무척 힘들었던 모양이다.

이야기를 들어 보니 아이는 고생하는 자신을 위해 매주 화요일은 아무 일정도 없는 날로 계획을 세웠는데, 관현악단 연습이 매주 목요일에서 화요일로 옮겨지는 바람에 쉬는 날이 없어져서 속상하다는 것이다. 컴퓨터를 옮기려 해도 자신이 원하는 선생님께 지도받는 요일이 아니라 옮기고 싶지 않았고, 그러다 보니 일정이 꼬여 원하는 대로 시간표가 짜이지 않았던 모양이다.

나는 이야기를 들어 본 후, 지금 컴퓨터 선생님께 조금 늦더라도 바뀌는 요일에 가르쳐 주실 수 있는지 여쭤보는 것이 어떻겠느냐고 의견을 말해 줬지만, 아이는 안 될 것이라면서 울기 시작했다. 큰딸에게는 자신에게 주는 휴식 같은 화요일이 정말 중요했던 모양이었다.

하지만 나는 더 이상 개입하지 않았고, 엄마가 의견을 줬으니 나머지는 지윤이가 알아서 결정할 일이라고 말하며 전화를 끊었다. 그리고 퇴근 후 집에 돌아와 보니 지윤이가 활짝 웃는 얼굴로 나를 맞이하며 말했다.

"엄마! 컴퓨터 선생님이 그렇게 해 주시겠대요!"

그래서 내가 대답했다.

"거봐! 말해 보지도 않고 안 될 거라고 하는 건 해 보지도 않고 포기하는 거야!"

세 아이 모두 선생님께 직접 가서 쉬겠다고 말해 보았던 작은 일이 자신에게 생긴 일을 직접 해결해 보는 경험이 되었다. 그리고 큰일 앞에서도 자신 있게 말할 수 있는 힘이 생기게 된 것이다.

삶을 살다 보면 종종 맞닥뜨려야 하는 중요한 일들이 생긴다. 마치 달리기를 하다가 허들을 만났을 때처럼 정신 바짝

차리고 힘을 내야 하는 순간이 오게 마련이다. 그때 내 아이가 허들을 넘을 수 있는 힘을 길러 주고 싶다면, 아이를 위하는 애틋한 마음 때문에 충분히 넘을 수 있는 허들을 치워 주는 엄마가 되기보다는 넘어 보라고 격려하는 엄마가 되어야 한다. 무슨 일이든 큰일은 작은 일에서부터 시작되기 때문이다.

엄마는
누구 편이지?

　아이가 커서 학교라는 곳에 가면 유치원이나 어린이집과는 또 다른 세계가 펼쳐진다. 선생님의 제한과 통제를 받고 있긴 하지만 쉬는 시간이 되면 자유롭게 밖에 나가 놀 수도 있고, 그렇게 놀다 보면 자연스럽게 끼리끼리 뭉치게 된다. 그리고 학년이 높아질수록 한 반의 학생 수가 많아질수록 끼리끼리 어울려 노는 현상은 더욱 많아진다.

　늘 그렇듯 나는 제일 먼저 태어난 큰딸을 통해 아이들의 성장 과정에서 겪을 수 있는 갖가지 사건들을 처음으로 경험했다. 그래서인지 큰딸이 가져오는 사건들이 나를 가장 많이 고민하게 했다. 아이들의 성장 과정에서 나타나는 심리상태나 놀이문화, 관심사 등을 처음으로 접할 때, 어떻게 반응해야 아이와 계속 소통하는 좋은 엄마가 될 수 있는지 많은 고민을 한 후에 행동한다. 하지만 내가 선택한 반응을 큰딸은 늘 마음에 들어 하지 않는 눈치였다.

퇴근해서 집에 들어가면 아이는 친구들과 낮에 있었던 이야기를 조잘거리며 자신이 받았던 상처 난 마음을 위로해 주길 바랄 때가 간혹 있다.

"엄마! 제가 학생회 견학 다녀왔잖아요! 다녀온 사이에 남자애들이랑 여자애들이랑 열 명이서 함께 팀을 만들어서 나만 빼고 쉬는 시간에 놀아요."

"같이 놀자고 하지 그랬어."

"같이 놀자고 했는데도, 듣지도 않고 무시하면서 자기들끼리만 놀아요."

하며 5캐럿짜리 다이아몬드만 한 눈물을 뚝뚝 흘린다. 얼마나 기분이 안 좋았을까. 딸은 같이 놀자고 따라다니고 아이들은 내 딸만 빼고 키득거리며 돌아다니는 모습이 그려지니 나 또한 기분이 좋지 않았다. 그날 밤 잠들기 전 함께 누워서 내 초등학교 시절 이야기를 들려주었다.

"초등학교 때 엄마도 비슷한 일이 있었거든! 엄마가 살던 집이 외할머니가 이사 가기 전에 살던 집 알지? 거기였는데. 집이랑 학교가 조금 멀어서 집에 오면 같이 놀 친구가 별로 없었어. 그런데 학교에서 같이 놀던 친구들은 집이 서로 가까워서 학교 끝나고도 늘 함께 노는 거야. 그러다 보니 엄마도 따돌림을 당한 적이 있었어. 그런데 그 순간뿐이야. 지윤이 이야기를 들어 보니까 초등학교 때는 아이들끼리 같이 놀았다 안 놀았다 하면서 크는 시기인 것 같아. 엄마도 그랬는데, 몇 십 년이 지난 지금 지윤이 때도 그러잖아."

이렇게 내 초등학교 시절 이야기를 꺼내 지윤이에게 지금 일어나고 있는 일이 큰일이 아님을 간접적으로 이야기해 주었다. 그리고 며칠 지나면 다시 재미있게 놀 수 있을 테니 걱정하지 말라고 말해 주었다.

엄마의 초등학교 시절 이야기에 귀를 쫑긋하고 듣긴 했지만 왜인지 딸은 시원치 않은 표정이었고, 며칠이 지난 후 또 다시 친구들이 자신만 따돌리는 것 같다는 이야기를 또 꺼냈다. 그래서 이번에는 이렇게 말해 주었다.

"지윤아! 지윤이는 친구들이 지윤이를 따돌리기를 바라니?"

"아니요."

"그럼 더 이상 그런 생각을 하지 않는 것이 좋아. 지윤이가 원하는 생각을 해야 해. 친구들이 지윤이가 좋다고 서로 같이 놀려고 하는 모습을 생각해 봐. 그러면 기분이 좋아지면서 곧 그렇게 될 거야."

지윤이는 잠시 내가 말한 모습을 상상해 보는 것 같았지만 석연치 않아 했고, 며칠이 지난 후에 또 나를 찾아왔다. 침대에 누워서 쉬고 있는 내 옆에 가만히 들어오더니 오늘 있었던 친구들과의 마찰로 상처받은 이야기를 또 하는 것이었다. 친하게 지내던 친구 세 명이 자기 반에서 공부도 좀 못하고 잘 끼지 못하는 애들을 따돌려서 그러지 말자고 하고는 자기가 그 친구랑 놀았는데, 이제는 자기까지 안 놀아 줘서 기분이 상한다는 것이다. 그 이야기를 듣고 이번에는 이렇게 반응했다.

"지윤아! 그 친구들하고 놀지 마! 진짜 수준 낮은 애들이다! 지윤이가 한 행동이 옳거든. 근데 같은 반 친구들끼리 따돌리는 애들이랑은 앞으로 놀지 마!"

그랬더니 지윤이 눈이 놀란 토끼처럼 변했다. 그러고는 고개를 숙이더니 입가에 살짝 미소가 번졌다. 그때 알았다. 내가 지금까지 한 위로는 객관식 답안지 같은 위로였다는 것을 말이다. 그날 밤 잘 자라고 인사를 하러 방에 들어갔는데 지윤이가 이렇게 말했다.

"엄마! 아까요. 엄마가 그 친구들 수준 낮다고 같이 놀지 말라고 말했을 때 진짜 기분 좋았어요. 고마워요, 엄마."

아이는 엄마가 자기편이 되어 주길 바랐던 것이다. 아이에게 도움이 될 수 있는 최고의 말을 골라 이해할 수 있는 언어로 아무리 설명해 줘도 아이의 마음은 깨끗이 위로되지 않았던 것이다.

최근 엄마들의 과잉보호 때문에 따돌림을 당하는 아이들보다 따돌림을 하는 아이들이 더 당당하고 잘못을 뉘우칠 줄 모르는 사회가 되고 있다는 기사를 읽었다. 정말 슬프지 않을 수 없다. 나는 내 아이들이 친구들과 어울리지 못하는 친구들을 챙길 줄 아는 사람이 되길 바랐다. 그러다 보니 늘 객관식 정답 같은 이야기만 늘어놓았던 것이다.

아이들은 생각보다 자기중심적이다. 세상이 자기를 중심으로 돌아간다고 생각하기에 이야기의 90% 이상은 자기 입장에서 이야기하는 경우가 많다. 하지만 자신의 입장에서만 말하고 있는 아이들의 이야기를 100% 확신하며 따지고 드는 엄마들을 간혹 보게 된다. 그래서도 안 되겠지만, 나처럼 너무 정답과 같은 이야기만 하는 엄마도 옳지 못하다.

가끔은 시원하게 아이 편이 되어 아이의 가슴을 뻥 뚫어 줄 줄 아는 엄마가 멋진 엄마인 것이다. 아이가 중학생, 고등학생이 되어서도 대화의 끈을 이어 가는 엄마가 되고 싶기에 오늘도 나는 아이와 나누는 대화에서 어떻게 반응해야 할지 고민하고 아이의 가슴을 뻥 뚫어 주기 위한 최고의 한 방을 찾기 위해 노력한다.

학교는
어디로 보내야 할까?

:
:

서울의 강남과 강북처럼 내가 사는 도시도 천을 중심으로 시내가 나뉘어 있다. 내가 초등학교에 들어갈 때쯤 우리 가족은 시내 중심가에서 월세로 살았는데, 형편이 좋지 않아 1년에 한 번씩은 이사를 다녔던 것 같다. 그러다가 초등학교 3학년쯤 되어 천 건너편으로 집을 마련해 이사를 하게 되었다.

이사를 가면서 나는 천 너머에 있는 학교로 전학을 가야 했지만, 부모님은 시내 쪽에서 학교를 졸업하는 것이 좋다고 판단하셨고 전학을 시키지 않았다. 그러다 보니 나는 다리를 건너다니며 등하교해야 했다.

내가 학교에 다니던 시절에는 사교육을 받는 아이들이 거의 없었다. 가장 많이 배우는 사교육은 피아노와 태권도 정도에 그쳤고, 대부분의 아이들은 학교가 끝나면 동네 골목에 모여 함께 노는 일이 많았다. 나는 또래집단이 가장 많이 형성되는 시기인 3~4학년 때 이사를 하게 되었고, 그 때문에 학교가 끝난 후 친구들과 어울릴 수 있는 집 앞 골목놀이터의 재미를 누릴 수 없었다.

새로 이사 온 곳 또한 마찬가지였다. 집 앞 골목에서 놀고 있는 아이들과 다니는 학교가 다르다 보니 공감대 형성이 힘들어 친해지기 어려웠던 것이다. 이쪽도 저쪽도 끼지 못한 채, 골목에서 함께 뛰어노는 아이들을 부러워하며 초등학교 시절을 보냈던 것으로 기억한다. 그래서 나는 내 아이들을 집 가까운 학교에 보내야겠다고 마음먹었다.

하지만 남편은 이 작은 도시 안에서도 교육열이 높다는 학교로 보내고 싶어 했고, 그 학교에 배정받을 수 있도록 주소를 미리 옮겨 놓고자 했다. 나는 내 경험을 들어가며 적극 반대했다. 집 가까운 곳으로 학교를 다녀야 아이들이 친구들과 또래집단을 만들어 재미있는 유년 시절을 보낼 수 있다고 설득하며 이렇게 말했다.

"교육열이 높은 학교에 보내고 싶으면 서울로 이사를 가야지요. 이 작은 도시에서 학교 우열을 따지는 것은 조금 무리가 있지 않나요?"

이 말에 남편은 더 이상 주소를 옮기자는 말을 하지 않았고, 우리 아이들은 집 가까운 학교로 배정받아 다닐 수 있었다.

부모라면 누구나 아이들이 나보다 더 잘되길 바란다. 더 멋지고 훌륭하고 돈도 많이 벌어서 나보다 더 안락하고 편안한 삶을 살기를 원하는 것은 부모로서 당연한 마음인 것이다. 그래서 부모들은 아이를 더 좋은 학교에 보내기 위해 주소지를 옮기고, 등하교시키는 일을 마다하지 않는다.

하지만 조금만 더 멀리 내다보면 내 아이를 생각하는 애틋한 마음이 내가 사는 세상, 내 아이가 살아갈 세상을 '균형 잃은 세상'으로 만들고 있음을 알 수 있다. 내 아이의 교육을 위해 더 좋은 곳으로 이사를 가고, 더 좋은 학교, 더 좋은 사교육을 받을 수 있도록 움직이다 보면 집도, 학원도, 사람들도 한쪽으로 치우치게 되고 이런 치우침은 몸에 균형이 맞지 않아 병이 생기는 것처럼 우리가 사는 사회의 균형을 무너뜨리고 병들게 하는 원인이 되는 것이다.

언젠가 이런 이야기를 하나 들었다. 오리, 토끼, 거북이가 학교에 갔다. 선생님이 가르치다 보니 오리는 수영을 아주 잘했지만 달리기를 아주 못했고, 토끼는 달리기를 매우 잘했지만 수영을 전혀 못했고, 또 거북이는 행동이 너무 느려 속이 터졌다 그래서 선생님은 오리에게 수영은 아주 잘하니 달리기를 중점적으로 연습하라고 했고, 토끼에게는 달리기는 매우 잘하니 수영을 연습하라고 했다. 그리고 거북이에게는 다른 것은 잘하니 빨리 하는 연습을 하라고 했다.

그리고 몇 개월 후 선생님은 자신의 가르침에 따라 노력한 오리, 토끼, 거북이를 평가했다. 평가한 결과, 오리는 달리기를 연습하다 물갈퀴가 모두 닳아 수영까지 못하게 되었고, 토끼는 수영을 연습하다가 죽을 고비를 몇 번이나 넘겼고,

거북이는 빨리 하는 연습을 하다가 배 껍질이 모두 닳았다는 이야기다.

　나는 이 이야기를 듣고 이런 생각이 들었다.

　'혹시 우리 아이들도 이러고 있지는 않을까?'

　'뭐든지 잘해야 한다는 생각으로 잘하고 있는 것까지 못하게 만들고 있는 어리석은 부모는 아닐까?'

　이런 생각이 나를 돌아보게 만들었고, 뒤돌아 생각해 보니 부모와 학교가 아이들을 위해 해야 할 일은 바로 잘하는 것이 무엇인지 관찰해 주는 일이었음을 깨달았다.

　사람은 태어날 때부터 이 세상을 아름답게 할 수 있는 자신만의 요술봉을 하나씩 가지고 태어난다고 생각한다. 그 요술봉이 무엇인지 스스로 깨달을 수 있도록, 그리고 그 요술봉을 사용할 수 있는 방법을 스스로 터득할 수 있도록 도와주는 것이 부모와 학교의 존재 이유인 것이다.

　초등학교 때에는 엄마들 사이에서 좋다고 소문나거나 조금 더 좋아 보이는 학교가 아닌, 아이가 혼자서 걸어 다닐 수 있는 집 가까운 곳으로 다녀야 한다. 그리고 우리 집과는 환경이 다른 다양한 친구들을 만나 부딪쳐 보고 관계를 맺어 보는 경험을 통해 자신이 가진 요술봉을 스스로 찾아낼 수 있는 기회를 되도록이면 많이 가져 봐야 한다.

나는 이런 생각으로 집 가까운 곳으로 학교를 보냈고, 그 덕분에 아이들은 주말에도 밖에 나가 친구들과 한참 동안 뛰어놀며 시간을 보내다 들어온다. 그러는 동안 나에게는 집 안을 청소하고 의자에 앉아 차 한잔할 수 있는 여유가 생긴다. 나는 청소를 마치고 여유롭게 차를 마시며 놀이터에서 뛰어노는 아이들을 바라보며 생각에 잠긴다.

'저 녀석이 가진 요술봉은 무엇일까!'

여행

어딘가를 가야만 여행은 아니다.

이미 '지구' 라는 곳에 '가족' 이라는 팀이

함께 여행을 왔기 때문이다.

이 여행을 잘 마치고 싶어

나는 오늘도 '지금 여기' 에 있으려고 노력한다.

여행지에서
돈 잘 쓰는 방법

•
•

　2012년 여수세계엑스포로 여행 갔을 때의 일이다. 남편은 평소 여행 다니는 것을 좋아하지 않았고 아이들이 어려 사람들이 많은 곳이나 장거리 여행은 다녀 보지 않았기에 엑스포 여행은 우리 가족에게 처음 도전해 보는 모험과도 같았다.

　뜨거운 햇살, 무더웠던 7월. 많은 인파로 주차하기가 힘들었고, 매표소에서 멀리 떨어진 곳에 주차를 해 한참을 걷게 되었다. 일찍 출발해 온다고 왔지만 이미 매표소에는 사람들이 길게 줄을 늘어서 있었고, 우리 가족은 처음부터 진이 빠지기 시작했다.

그렇게 한참을 기다린 끝에 표를 끊을 차례가 되었다. 생각해 보니, 남편의 기분은 이때부터 내리막길로 향했던 것 같다. 아이들이 어렸던 터라 둘째와 막내는 표를 끊지 않아도 될 것 같다는 것이 남편의 의견이었고, 나는 규정대로 표를 끊어야 한다고 주장했다. 내 고집으로 막내를 뺀 네 명이 표를 끊게 되었고, 몇 시간 구경하는 것치고 입장료가 너무 비싸다고 생각한 남편은 못마땅한 기색이 역력했다.

그렇게 표를 끊고 엑스포장으로 들어가니 사람들은 더 많았다. 여행을 즐겨하지 않았던 우리는 엑스포에 대한 사전지식이 하나도 없었고, 급기야는 들어오면서 받은 안내서와 지도만 들고 이리저리 헤매는 상황이 되었다.

평소 쉬는 날은 침대와 함께 지내기를 좋아하던 남편은 사람들이 많은 것 자체만으로도 이미 지친 것 같았다. 하지만 가족들을 위해 편안한 주말을 포기하고 비싼 돈을 내고 들어왔기에 조금이라도 더 많이 보고 가야 한다고 생각했고, 그런 생각 때문에 줄을 서서 기다리는 시간을 무척 아깝게 생각했던 모양이다.

볼만한 곳은 아주 길게 줄이 서 있었고, 줄을 서다 보니 구경도 못한 채 시간만 자꾸 흘러가자 남편의 마음은 조급해지기 시작했다. 결국 남편은 가족을 위한 결정을 내리고 약간 상기된 말투로 이렇게 말했다.

"내가 저쪽 관으로 가서 줄 서 있을 테니까, 여기 구경하고 나면 저쪽으로 와!"

식구들이 하나라도 더 구경하려면 가장인 자신이 희생하는 것이 낫겠다는 판단에서였다.

그 넓은 공간에 이쪽과 저쪽은 바로 옆임에도 극과 극이었다. 막내를 유모차에 앉히고 양쪽에 일곱 살, 여섯 살짜리 아이 둘을 걸린 채 혼자서 구경하고 있는 내 모습이 상상되자, 나는 가슴이 두근거렸다. '나 혼자 데리고 있다가 이렇게 사람 많은 곳에서 아이를 잃어버리면 어떻게 하지!?'라는 걱정과 함께 '이것이 무슨 가족 여행인가!'라는 생각까지 끼어들었다. 나는 저쪽으로 줄을 서러 가려는 찰나에 남편에게 이렇게 말했다.

"왜 돈을 쓰면서 화를 내요!"

들었는지 못 들었는지 남편은 다른 줄을 서기 위해 저쪽으로 발길을 돌렸고, 나는 이쪽에서 세 명의 아이들과 줄을 섰다. 아이 셋과 함께 줄을 서 있는 동안 슬픔이 몰려왔다. '가족 여행을 왔는데 왜 이렇게 떨어져 있어야 하나!', '이러려면 왜 여행을 왔을까!' 좋지 않은 생각이 꼬리에 꼬리를 물자, 지금 이 순간이 하나도 즐겁지 않았다.

그렇게 한 십 분 정도 시간이 흘렀을까! 저쪽으로 줄을 서러 갔던 남편이 다시 옆으로 다가와 서는 것이다. 나는 놀라서 쳐다보았고, 남편은 이렇게 말했다.

"당신 말대로 내가 왜 돈을 쓰면서 화를 내고 있지? 미안해!"

혼자 줄을 서 있으면서 저쪽으로 가기 전, 내가 했던 말이 마음에 걸려 곰곰이 생각했던 모양이다. 그리고 가족과 함께 즐거운 시간을 보내기 위해 여행을 와 돈까지 쓰면서 기분이 상해 있는 자신과 마주한 것이다. 혼자서 줄을 서 있는 자신이 어리석게 느껴졌고 가족들과 함께 다녀야겠다는 생각에 다시 돌아온 것이다. 자신의 행동을 정말로 미안해했고, 덕분에 우리 가족은 모두 함께 구경 다닐 수 있었다.

그렇게 다시 만난 우리 가족은 줄이 아주 짧거나 줄을 서지 않아도 되는 곳을 골라 구경을 했다. 엑스포장에서 가장 재미없는 곳만 다녔을지도 모르지만, 무엇을 보든 내가 사는 도시에서는 볼 수 없었던 신기한 것들이기에 가는 곳마다 재미있었다.

전시관을 몇 군데 구경하고 나니 아이들이 지친 듯 보여, 그늘이 있는 벤치에 앉아 쉬면서 여유를 부렸다. 그러다 보니 재미있다고 소문난 곳은 하나도 보지 못하고 저녁 먹을 시간이 다 되어 엑스포장을 나오게 되었다. 하지만 나는 하나도 아쉽지 않았다. 왜냐하면 시간이 흐른 후에 기억나는 것은, 함께 있었던 공간에서 함께했던 사람들과 느꼈던 기분뿐이기 때문이다.

지난 여행을 돌아보며 글을 쓰고 있는 지금 이 순간에도 내가 기억하는 것은 '어느 전시관에서 무엇을 봤고 어떤 전시관이 더 좋았고'가 아니라 가족들과 함께 다니면서 느꼈던 내 기분뿐이다.

여행보다는 집에서 쉬는 것을 더 좋아하는 남편에게 여행은 어쩌면 힘든 노동이었을지도 모른다. 하지만 엑스포 여행 이후로 남편은 여행을 갈 때면,

"우리 가족을 위해 열심히 벌어 놓은 돈 쓰러 다니면서 기분 나쁘면 안 되지!"

라고 말하며 기분 좋게 돈을 쓰게 되었다.

여행은 내가 긴 시간 열심히 일해 모은 돈을 짧은 시간에 소비하게 한다. 교통비, 숙박료, 음식값 등 집에서 주말을 보낼 때보다 세 배에서 다섯 배 이상 쓰게 되는 것이다. 하지만 그럼에도 여행을 가는 이유는 여행이 주는 좋은 점이 분명히 있기 때문이다.

내가 여행에서 찾은 장점은 가족들이 집이 아닌 다른 공간에서 어떤 모습을 만들어 낼 수 있는지 관찰하는 즐거움과 같은 것을 보아도 서로 다르게 느낀다는 것을 아이들이 배울 수

있다는 것, 그리고 낯선 장소에서 일어난 돌발 상황들을 겪으면서 시간이 흐른 후에도 기억 속에 오래도록 남아 우리를 연결시켜 준다는 점이다.

투자한 만큼 좋은 기분으로 만끽하고 돌아오는 여행이 되어야 한다는 것을 그리고 돈은 기분 좋게 써야 한다는 것을 느끼게 해 준 여수엑스포 여행을 난 오래오래 추억한다.

짐은 누가 싸야
하는 걸까?

여행은 일상에 설렘을 주는 멋진 일이다. 여행을 계획할 때부터 출발할 때까지 마음은 설렘과 기대감으로 부풀어 올라 생활에 활력이 된다. 하지만 여행을 갈 때면 엄마들에겐 일이 하나 생긴다. 바로 짐을 싸는 일이다.

세면도구와 목욕용품은 물론 내 옷과 아이들 옷, 남편 옷까지 어떤 옷을 챙겨 가야 할지 미리 생각해 보고 짐을 싸야 한다. 그리고 짐 싸는 일은 아이들이 어릴수록, 또 일정이 길어질수록 더욱 힘들어진다. 하지만 짐 싸는 일은 여행을 간다는 즐거운 마음 때문에 일처럼 느껴지지 않는다. 힘든 것은 여행을 다녀온 후이다.

여행을 마치고 돌아오면 짐을 쌌던 사람은 아무리 피곤해도 푸는 일까지 마쳐야 여행이 끝난다. 엉망이 되어 있는 여행 가방을 정리하다 보면 여행으로 즐거웠던 마음은 어느새 사라지고 짜증이 스멀스멀 올라온다. '즐거운 여행을 다녀오는데 그 정도는 할 수 있지 않을까!'라고 생각할 수도 있겠지만, 꼭 여행을 갈 때만 짐을 싸는 것은 아니다.

나는 결혼한 후부터 일 년에 꼭 두 번은 짐을 싸고 푼다. 바로 명절에 시댁과 친정에 갈 때이다. 양쪽 부모님 집에서 하룻밤씩 이틀을 자고 오려면 2박 3일의 짐을 싸야 했다. 명절에도 근무하는 날이 많았던 남편 덕분에 아이들이 어려서는 모든 짐을 내가 다 싸야 했고, 다녀와서는 쌌던 짐을 푸는 일은 물론 시댁과 친정에서 보내 준 음식 정리까지, 해야 할 일은 산더미처럼 많아졌다.

연휴가 딱 3일뿐인 명절이면 시댁에서 하룻밤, 친정집에서 하룻밤을 잔 후 다음 날 출근을 해야 한다. 도무지 쉬면서 천천히 정리할 수 있는 형편이 안 된다. 나는 결혼 후 즐거운 여행으로 짐을 싸고 푸는 일보다 명절날 부모님 집에 가야 하는 일로 짐을 싸고 푸는 일이 더 많았기에 짐 싸는 일이 고되게 느껴지곤 했다.

큰아이가 자라 초등학교 1학년이 되었을 때부터인 것 같다. 명절을 앞두고 짐을 싸기 위해 거실 벽에 걸어 놓은 화이트보드 판에 가져가야 하는 것들을 모두 적어 놓았다. 속옷, 잠옷, 칫솔, 양말, 로션 등 가져가야 할 물건들을 적어 놓고 하나씩 체크해 가며 짐을 챙기던 중, 큰아이에게도 자기 것과 동생 것을 가져와서 가방에 넣은 후에 표시해 보라고 했다. 어린 나이에 과연 가능할까 하는 생각도 잠시, 놀이를 하듯이 물건을 가져와 담기 시작했다.

"지윤아! 팬티랑 양말은 동생들 거랑 같이 봉투에 담아 넣고, 칫솔은 우리 식구들 것 다섯 개 모두 비닐 팩에 담아 넣어 줄래!"

그러자 큰아이는 내가 부탁한 대로 행동으로 옮겼다. 그렇게 명절 때마다 그리고 가끔 여행을 갈 때마다 함께 짐을 싸고 풀기 시작했다. 나에게는 큰 힘이 되었고 아이는 무척 재미있어 했다.

그렇게 몇 년이 지난 후 초등학교 3학년이 되었을 때, 큰 딸이 처음으로 학교에서 1박 2일 여행을 가게 되었다. 나는 달력에 여행 가는 날짜를 체크해 놓았지만 짐을 싸야 한다는 생각은 전혀 못하고 있었다. 하지만 큰딸은 날짜가 다가오자 짐을 싸야 된다는 것을 스스로 생각했고, 말도 하기 전에 여행 갈 준비를 모두 스스로 해 놓았다. 다음 날 무슨 옷을 입을지, 또 잠잘 때는 어떤 옷을 입고 잘지 일정을 미리 생각하고, 세면도구부터 그곳에 가서 시간이 나면 읽을 책까지 모두 챙겨 놓았다.

나는 무척 놀랐다. 그동안 나와 짐을 싸는 일을 함께하긴 했지만 이렇게 완벽하게 자신의 여행 짐을 쌀 수 있을 거라고는 전혀 예상하지 못했기 때문이다. 짐을 싸 보는 반복적인 경험이 연습이 되었고, 실제 자신의 일로 다가왔을 때 스스로 해낼 수 있는 역량이 되었던 것이다. 그 후로 나는 둘째, 막내와도 짐 싸고 푸는 일을 같이 했고 그 연습은 서울 여행에서 빛을 발하게 되었다.

2017년 5월, 아이들이 그렇게 가고 싶어 하던 서울 여행을 2박 3일로 계획했고 평소보다 큰 가방을 펼쳐 놓고 3일 동안 입을 옷과 필요한 물건을 모두 챙겨 넣으라고 말했다. 아이들은 옷가지는 물론 엄마 아빠의 세면도구와 화장품, 목욕용품까지 잘 챙겨 넣었고, 이동하는 동안 차 안에서 긴 시간 지루할 것을 예상해 보드게임 몇 가지와 게임을 진행할 수 있는 받침대까지 챙겨 놓았다.

그렇게 기분 좋게 짐을 싸서 2박 3일의 여행을 잘 마치고 돌아왔고, 짐 싸기보다 더 힘든 짐 풀기를 온 가족이 힘을 합쳐 30분 만에 해결할 수 있었다. 여행 중에 입었던 옷은 모두 세탁실로 옮겨 종류별로 바구니에 담고, 세면도구는 화장실로, 자기 물건은 자기가 스스로 정리한 덕분에 나는 내 물건만 정리하면 되었다. 이렇게 짐 정리가 후다닥 되니 여독을 풀 수 있는 시간도 많아졌고, 그 덕에 여행의 만족도도 한층 더 높아질 수 있었다.

가족이 많으면 손이 많아진다. 그래서 함께하면 아주 쉽지만 한 사람에게 몰리면 큰일이 된다. '어린 나이에 과연 할 수 있을까!' 하며 놀이처럼 해 본 짐 싸기 덕분에 아이들은 집을 떠나는 일이 생기면 언제든지 여행 가방을 가지고 와 손쉽게 짐을 쌀 수 있게 되었다. 그리고 여행 중 자신에게 특별히 필요한 것은 더욱 스스로 챙겨야 하며, 챙기지 않아서 오는 불편함은 모두 자기 몫이 된다는 것도 터득하게 되었다.

우리 집에서는 이제 짐을 싸고 푸는 일이 엄마의 일이 아닌 가족 모두의 일이 되었다. 그리고 나는 여행 전과 여행 중 그리고 여행 후에도 모두 즐거울 수 있었다.

그리고 또 한 가지! 짐 싸는 연습은 아이들에게 자신의 모습을 미리 생각해 볼 수 있는 작은 연습이 될 수 있다는 것을 알았다. 가지고 간 옷을 입었을 때의 모습, 이동 중에 책을 읽는 모습, 언니, 누나, 동생과 보드게임을 하는 모습 등 가지고 가는 물건을 챙김과 동시에 그 물건을 사용하고 있는 자신의 모습을 미리 그려 보면서 스스로 생각하는 힘을 기르는 것이다.

엄마의 몫으로 남겨졌던 짐 싸고 푸는 일! 온 가족이 함께 해 보면 어떨까! 나의 작은 경험으로 얻은 편안함을 세상 모든 엄마들과 공유하고 싶다.

이 세상에서
가장 싸고 편한 여행

•
•

　아이들은 밖을 좋아한다. 비가 와도 눈이 와도 해가 아무리 뜨거워도, 날씨와는 전혀 관계없이 아이들은 밖을 좋아한다. 아마 아이들의 넘치는 에너지를 감당하기에 집이라는 공간이 너무 작기 때문이 아닐까 싶다.

　다행히 나도 밖에 나가는 것을 좋아한다. 하지만 세 명의 어린아이들을 혼자서 모두 데리고 다니는 것은 아무래도 무리가 있었다. 남편은 직장 때문에 주말에 없었을 때가 많았고, 또 어쩌다 쉬는 주말이 되어도 집에서 쉬고 싶어 해 침대와 함께 있기를 원했기 때문이다.

막내가 이제 막 걸음마를 하고 두 명의 아이들이 아장아장 걸어 다닐 때는 놀이터 가는 것이 최고의 나들이였다. 한바탕 신나게 놀고 나면 집에 가서 씻길 일이 태산 같았지만, 집 밖으로 나오면 아이들은 아무것도 해 주지 않아도 정말 신나게 잘 놀았다.

그리고 시간이 지나 세 명의 아이들이 신나게 뛰어다닐 수 있을 만큼 자랐을 때는 놀이터라는 공간도 작아졌다. 조금 더 큰 공간이 필요한 나이가 된 것이다. 그래서 그때는 공원으로 데리고 나갔다. 그러면 아이들은 놀이터보다 더 넓어진 공간에서 세상을 다 가진 듯 신나게 뛰어놀았다.

하지만 매번 같은 장소는 식상했고, 아이들은 새로운 장소와 새로운 경험을 필요로 했다. 그래서 생각해 낸 것이 버스 여행이다. 내가 계획한 버스 여행은 목적지가 없는 무작정 여행이었다. 방법은 이렇다.

1. 집 앞 버스정류장으로 나간다.

2. 느낌에 따라 상행선과 하행선을 결정한다.

3. 정류장에서 버스를 기다린다.

4. 처음 오는 버스를 무작정 탄다.

5. 가다가 느낌이 오는 곳에 내리거나 종점까지 간다.

그야말로 아무 계획도 대책도 없는 여행이다. 버스에 오르기 전 우리가 들르는 곳이 있다. 바로 아파트 앞 조그마한 마트이다. 마트에 들러서 아이들에게 먹고 싶은 것을 하나씩 고르게 한 후, 각자 자기가 멘 가방에 담고 정류장으로 향한다. 우리의 무작정 버스 여행에도 나름의 원칙이 있었는데, 그중 하나가 자기 가방은 자기가 메고 가는 것이다. 물 한 병과 마트에서 고른 과자를 하나씩 담아 메는 것이다.

마트에 가서 무엇을 고를지 고심하는 아이들의 모습을 보고 있으면 웃음이 절로 나온다. 버스를 타고 가면서 입을 즐겁게 해 줄 과자로 무엇을 선택할지 아이들은 정말 많이 망설인다. 그리고 망설임 끝에 고른 과자를 보면 어떤 마음으로 과자를 골랐는지 어렴풋이 느낄 수 있다.

한 아이는 긴 시간 먹을 수 있는 양이 많은 색색의 초콜릿 과자를, 또 한 아이는 평소 불량식품이라고 잘 사 주지 않는 과자를, 또 한 아이는 때는 이때다 싶어 장난감이 붙어 있는 과자를 고른다. 버스 여행 갈 때는 자기결정을 최대한 존중해 주기 위해 과자도 먹고 싶은 것을 스스로 선택할 수 있게 했는데, 나는 그 선택을 보며 아이가 무슨 생각을 하고 있는지 엿볼 수 있어서 좋았다.

좋아하는 과자를 하나씩 들고 버스를 기다리다 보면 아이들은 벌써 과자에 손이 간다. 달콤한 과자를 하나씩 입에 물고 정류장 근처를 왔다 갔다 하다 보면 풀밭에서 놀고 있는 나비, 무당벌레, 거미 등 온갖 곤충들과 계절에 따라 여기저기 피어 있는 꽃들이 아이들 눈에 관찰되기 시작한다. 온갖 볼거리에 눈을 빼앗겨 한참을 놀다 보면 입속의 달콤함이 점점 사라져 가고, 그러면 상대방의 과자를 맛보고 싶어져 흥정을 한다.

"누나, 나 하나만 주라!"

"그럼 너는 몇 개 줄 건데?"

"한 개."

"한 개는 너무 적어. 두 개!"

"알았어."

이렇게 흥정을 하며 서로의 손에 들려 있는 과자의 맛보다 보면 저만치서 버스가 온다. 우리는 이렇게 소소하게 버스 여행을 시작했다.

버스 여행은 아이들과 나에게 참 많은 것을 보고 깨닫게 해 주었다. 버스를 타면 내 손과 발 그리고 눈이 자유로워지면서 아이들과 같은 것을 함께 보고, 함께 듣고, 함께 이야기할 수 있었다.

"지환아! 저기 구름 봐! 트리케라톱스 같지 않니?"

"와~ 진짜네! 엄마! 저 구름은 토끼 같아요!"

세 놈은 열과 성을 다한 상상력으로 구름 속 숨은그림찾기에 한참을 열중하기도 하고, 또 버스가 퉁퉁거릴 때면 놀이기구를 타기도 한다. 과속 방지턱을 만나면 통통 튀어 오르는 버스 뒷자리는 순식간에 놀이기구로 변해 기쁨을 선물해 주기에, 아이들은 방지턱이 나오기만을 기다리다가 저만치 방지턱이 보이기라도 하면 놀이기구에 온몸을 맡긴 채 그 순간을 즐기곤 한다.

장날이 되어 할아버지 할머니가 버스에 많이 오르시는 날이면 의자에서 일어나 자리를 양보하는 것도 배웠다. 그러면 어르신들은 입이 마르게 칭찬을 해 주셔서 아이들 기분이 우쭐해지기도 했다. 평상시 시골을 오가는 버스는 나이가 많은 어르신들이 많이 이용을 하셨기에 어린아이들이 버스에 타고 있으면 특히 많은 관심을 보이셨다.

　"애기가 셋이요?"

　"네."

　"애국자네! 딸 둘에 아들 하나?"

　"네."

　"아이고, 잘했네!"

　그리고 아이들에게도 기분 좋은 말을 많이 해 주신다.

　"아이고! 예쁘게도 생겼네! 몇 살이야?"

　"여섯 살이요."

　"아이고! 예뻐라. 어디 가는 거야?"

　"버스 여행이요."

　버스 여행을 통해 이렇게 어른들과 스스럼없이 대화를 해 보는 경험도 할 수 있었고, 예쁘다는 소리를 많이 들으니 다니면서 즐거워했다.

혹 버스를 타고 가다가 손님이 모두 내리고 버스 안에 손님이 우리 말고 아무도 없게 되면 아이들은 꼭 맛있는 것을 많이 두고 무엇을 먹을지 갈등할 때처럼 어떤 의자에 앉을지 고민하다가 여기저기 앉고 싶었던 자리에 가서 앉아 보기 바빴다.

기사님 뒤 제일 첫 자리에 앉았다가 메뚜기처럼 이리 뛰고 저리 뛰어 내 옆으로 오기도 하고, 의자가 아무리 많아도 봉을 잡고 서서 가기도 하면서 버스의 텅 빈 공간을 만끽했다. 그렇게 버스를 타고 가다 보면 어느새 종점이 되어 가고, 기사님은 내릴 생각을 하지 않는 우리들에게 어디에 가느냐고 물으신다.

"그냥 버스 여행 중이에요."

라고 대답하면 활짝 미소를 지으시며 돈 받지 않을 테니 이 버스를 계속 타고 여행하라는 친절을 베푸시는 기사님을 만나기도 했다.

어딘지 모를 마을 앞에서 종점이라고 하시면 우리는 "고맙습니다." 하고 인사를 한 후 내린다. 그러면 기사님은 묻지 않아도 버스가 다시 출발하는 시간을 알려 주셔서 우리는 그 근처에서 출발시간이 될 때까지 마음껏 놀 수 있다.

마을에서 마주치는 어르신들과 이야기를 나누기도 하고 마을 앞 당산나무 아래에 앉아 가지고 간 과자와 김밥을 먹기도 하고, 들꽃을 꺾어 꽃다발을 만들기도 하면서 시간을 보낸다. 그러다가 버스가 출발할 때쯤이면 기사님이 출발한다고 부르신다.

타고 온 버스를 다시 타고 가다 보면 집으로 가는 방향이 아닌 다른 방향으로 가기도 한다. 그러면 우리는 버스에서 내려 한참을 걸어야 집에 도착할 때도 있었다. 그렇게 버스 여행은 가는 것도 오는 것도 참 느린 여행이었다. 하지만 느린 만큼 참 여유로운 여행이 버스 여행이다.

이렇게 버스 여행을 약 2년 정도 다닌 것 같다. 아이들이 모두 유치원에 다니던 때라 버스요금은 나만 내면 되었고, 이 세상에서 가장 저렴한 교통비로 즐거운 여행을 다닐 수 있었다.

버스를 갈아타야 할 때도 있었고, 몇 시에 버스가 오는지 몰라 무작정 기다려야 할 때도 있었다. 너무 걸어서 아이들이 무척 힘들어할 때도 있었고, 갑자기 똥이 마렵다고 해서 난감한 적도 있었다. 하지만 지금은 모두 우리를 연결시켜 주는 추억이 되었고 '그때 그거 기억나?' 하면서 깔깔깔 웃을 수 있는 이야깃거리가 되고 있다.

지금은 아이들이 또 한 뼘 자라 더 넓은 공간에서 새로운 경험을 하고 싶어 해 자동차를 타고 다니며 여행 중이다. 하지만 운전대를 놓고 자유로워진 나의 오감으로 아이들과 함께했던 버스 여행은 지금까지의 그 어떤 여행보다 멋진 최고의 여행이었다고 자신한다.

사랑하는 아이들과 함께 자유와 여유를 누리고 싶다면 버스 여행을 떠나 보자.

여행
계획서

남편이 모시던 상사 가족과 1박 2일 여행을 간 적이 있다. 즐거운 여행이었지만, 남편에게는 부담이 되는 여행이었을 것이다.

남편의 상사는 지나가는 말로 여행계획을 세워 보라고 했고, 남편은 바쁜 와중에도 상사가 말한 여행계획을 지시로 받아들여 세워 보려 노력했지만 잘 되지 않았던 모양이다. 평소 여행 가는 것보다 집에서 침대와 함께하는 시간을 더 좋아했던 남편으로서는 어쩌면 여행계획이 사업계획 세우는 것보다 더 어려웠을지도 모른다. 그렇게 며칠이 지난 어느 날, 남편이 말했다.

"여보, 자기가 여행계획을 좀 세워 줘."

나 역시 여행계획을 세워 본 일이 없었다. 마음 가는 대로 날씨에 따라 기분에 따라 갑작스레 갈 곳을 정해 나가는 편이었기에 계획이라는 것이 낯설게만 느껴졌다. 하지만 간곡한 남편의 부탁에 움직일 수밖에 없었다.

여행사에서 여행객들에게 배포하는 계획처럼 표를 그려 시간대별로 일정을 넣고 주차요금부터 입장료, 통행료 등 일정별 소요되는 금액과 이동거리, 소요시간까지 계산해서 넣고 인원수를 계산해 1박 2일 여행의 총 소요금액을 산출해 계획서를 만들었다. 뒷장에는 가는 장소를 요약해서 볼 수 있는 지도와 사진을 첨부하고 표지를 만들어 넣은 다음 남편에게 메일로 보내 주었다.

여행계획서를 받아 본 남편은 어떻게 이렇게 만들 생각을 했느냐며 정말 놀라워했다. 나 또한 처음 만들었지만 여행

일정이 한눈에 그려지면서 마치 사전답사를 하고 온 듯한 기분이 들었고, 눈에 보이는 결과물이 생겨 여행을 가기도 전에 벌써부터 뿌듯해졌다.

남편의 상사는 계획서를 받아 보고 누가 만들었냐고 물으셨다고 한다. 남편은 시간이 안 되어 부인이 만들었다고 대답하자, 공무원이 천직인 것 같다고 말씀하셨다고 한다. 그렇게 가기 전부터 칭찬을 받고 기분 좋게 여행을 다녀올 수 있었다.

그렇게 계획서를 만들어서 여행을 한 번 다녀오고 나니 만들어 놓은 일정표에 내용만 바꿔서 새로운 여행지의 계획서를 만들 수 있었다. 그래서 그 뒤로 늘 여행을 가고 싶으면 미리 계획서를 만들어 남편과 아이들에게 보여 주었다. 남편은 계획서를 보고 일정을 가늠할 수 있어서 좋아했고, 아이들은 여행을 알리는 사전통지서로 여겨 무척 좋아했다.

일정표를 만들어 여행을 해 보니 좋은 점이 아주 많았다. 먼저, 미리 여행지에서 할 수 있는 일과 하고 싶은 일을 계획해 볼 수 있었다. 또 여행 다닐 때마다 그다음은 어디로 가는

지 늘 물었던 아이들이 다음 일정이 무엇인지 스스로 찾아보며 여행을 즐기기 시작했다.

이런 방법으로 최근에 다녀온 여행은 서울 여행이다. 작은 도시에서 태어나 10년 넘게 또는 10년 가까이 살아온 아이들에게 서울은 그야말로 새로운 세상이었다. 늘 서울 구경을 해 보고 싶어 했던 아이들을 위해 2박 3일의 일정으로 여행계획을 세웠다.

경복궁, 창덕궁, 창경궁, 덕수궁, 전쟁기념관, 국회의사당, 남대문시장 등 서울시티투어버스를 타고 미리 찾아 놓은 유적지 요약정보까지 출력하니 20장 가까이 되었다. 이렇게 만든 출력물 뒤에 여행 도중 기록할 수 있도록 여분의 종이를 더 넣고 스프링으로 묶어 책자를 만들었다.

여행을 다니는 곳마다 발급되는 입장권과 주차권, 그리고 간식이나 점심을 먹고 나면 생기는 영수증들이 쌓이자 큰딸이 아이디어를 내서 여행계획서 뒤에 마련해 놓은 여분의 종이에 붙이기 시작했다. 윗부분에는 날짜와 여행지를 기록하고 그곳에서 받은 입장권과 주차권 등 생기는 영수증을 모두 붙이는 것이다.

그렇게 붙이다 보니 각 유적지마다 입장권에 그려진 사진을 비교해 볼 수도 있었고, 어디서 무엇을 사고 무엇을 먹었는지까지 자연스럽게 기록되었다. 또 일정을 마치고 돌아오면서 그날에 얼마가 지출되었는지 아이들이 스스로 정리해 보며, 이곳 서울과 내가 사는 남원의 물가를 비교해 보는 시간도 가질 수 있었다.

그리고 여행을 마치고 돌아오는 길의 차 안에서 일정표와 뒤에 붙여 놓은 각종 영수증을 보면서 서울에서 보낸 3일을 돌아보며 이야기꽃을 피울 수 있었다. 그 여행계획서는 지금도 우리 집 책장에 꽂혀 있다가 가끔 등장해 웃음꽃과 이야기꽃을 피워 주고 있다.

나는 일정에 맞춰 움직이는 것을 별로 좋아하지 않는다. 버스 여행처럼 바람같이 자유롭고 여유롭게 마음 가는 대로 발길 닿는 대로 다니는 여행을 더 좋아한다. 하지만 일정표를 만들어 여행을 떠나 보니 계획을 세워 놓고 떠나는 여행도 좋은 점이 참 많다는 것을 알게 되었다.

세운 계획대로 다니지 못하고 여행 중간에 일정을 바꾸기도 했지만, 무작정 떠났을 때보다 기준을 두고 움직였을 때 시간을 더 효율적으로 쓸 수 있었고 체계적으로 움직일 수 있었다. 또 아이들은 영수증을 정리하며 복습을 하듯 그날 하루를 뒤돌아볼 수 있었고, 조금씩 채워져 가는 여백을 보며 성취감도 느낄 수 있었다.

　그렇게 만들어진 계획서는 아이들이 직접 만든 책이 되었고, 여행은 아이들의 기억 속에 더 오래 머물러 우리 가족을 더욱 행복하게 만들어 주었다.

　수고스럽지만 가끔은 일정표를 만들어 여행을 떠나는 것이 어떨까! 아이들에게는 자기만의 상상력으로 미리 떠나 보는 또 하나의 멋진 여행이 될 것이다. 그리고 어떤 일을 미리 생각해 본다는 것이 얼마나 중요한 일인지 깨닫게 될 것이다.

재래시장에서
얻은 기쁨

햇볕이 따뜻한 봄이 되면 흙에 뿌리내리고 있는 모든 생물이 기지개를 켜는 것이 느껴진다. 따뜻한 봄바람이 살랑거리고 연하게 솟아오르는 풀들 사이로 쑥이 보이기 시작하면 나는 재래시장이 생각난다. 재래시장에 가면 농촌의 넓은 들판에서 할머니들이 손수 캔 나물들을 한자리에서 구경하는 동안 봄을 가장 가까이에서 느낄 수 있기 때문이다.

내가 사는 도시에는 세 곳의 재래시장이 있고 5일마다 장이 선다. 세 곳의 시장 중 나는 주로 집에서 가깝고 어린 시절 추억이 있는 공설시장에 간다. 장날이면 언제나 활기차고 기분 좋은 곳이지만, 특히 봄이 되면 더욱 생동감 넘치는 곳이 된다. 이렇게 따뜻한 봄날 시장에 가는 기분은 여행을 가는 날처럼 들뜨고 설렌다.

아이들이 어렸을 때는 재래시장에 가는 일이 위험한 도전이었다. 좁은 길 사이로 많은 사람들이 오가는 틈을 비집고 아이들이 혹시 길을 잃지나 않을까 염려되어 손을 놓을 수 없었고, 목표한 반찬거리만 사고 돌아와도 성공이었다. 구경은 커녕 시장 가는 일이 힘든 노동이었다. 봄이 온 기분에 혼자 들떠서 아이들을 줄줄이 데리고 나갔다가 진땀만 빼고 돌아왔던 기억이 아직도 생생하다.

하지만 시간이 지난 만큼 아이들도 무럭무럭 자라 길을 잃어도 전화를 할 수 있는 나이가 되었고, 엄마가 오는지 안 오는지 살펴 가며 구경을 할 수 있는 나이가 되었다.

따뜻한 봄볕이 마음을 간질이던 주말 오후, 날짜를 보니 5일장이 서는 날이었다. 부랴부랴 아이들에게 재래시장 구경을 함께 가자고 말했고, 아이들은 흔쾌히 따라나섰다. 그리고 가는 길에 제안을 하나 했다.

"재래시장에 가면 각자 쓸 수 있는 돈을 이천 원씩 줄게! 구경하다가 먹고 싶은 거나, 사고 싶은 거 있으면 사도 좋아!"

라며 지갑에서 육천 원을 꺼내 이천 원씩 나눠 주니, 아이들은 기쁨의 아우성을 질렀다. 한껏 들뜬 아이들의 기운에 나까지 덩달아 더 기분이 좋아졌다.

장이 열려 복잡해진 도로 사이에 운 좋게 주차를 하고 생기 넘치는 재래시장 골목에 들어섰다. 들어서자마자 봄을 맞아 화려한 색상으로 사람들의 눈길을 사로잡는 갖가지 꽃 화분부터 간식으로 먹을 수 있는 어묵, 튀김, 호떡, 만두, 도넛 같은 맛있는 먹을거리가 우리의 눈과 코를 사로잡았다.

더 깊이 들어가니 꼬막, 오징어, 새우와 갈치, 고등어, 명태 등 육지에서는 온전한 모습을 보기 힘든 여러 종류의 생선들이 양쪽 길 좌판에 주욱 펼쳐져 있었고, 아이들은 뜨거운 국물 속에서만 보던 생선들의 온전한 몸을 보고 신기하다며, 징그럽다며, 냄새난다며 호들갑을 떨었다.

조금 더 들어가니 좁은 상가 골목 사이로 시골 할머니들이 손수 캔 쑥, 고들빼기, 냉이 등 봄 냄새 가득한 나물들과 파, 부추, 미나리 등 직접 기른 싱싱한 야채가 눈에 들어왔다. 건물도 간판도 없이 5일마다 생겼다 사라지는 매력 만점의 1인 상점에서 판매되는 이 나물과 야채들은 천 원, 이천 원, 삼천 원의 내가 원하는 가격에 덤을 얹어 살 수 있다.

　이렇게 북적대는 사람들 사이를 비집고 시장을 한 바퀴 돌면서 봄에만 볼 수 있는 재래시장의 풍경을 아이들과 재미있게 구경했다. 아이들에게 구경하는 동안 사고 싶은 것이 있으면 마음속으로 찜해 놓으라고 했고, 한 바퀴 돌고 나니 아이들은 마치 끈에 묶여 있다가 이제야 풀린 사람처럼 먹을거리가 있는 골목으로 향했다.

　가장 먼저 막내가 시작했다. 막내가 사고 싶은 것은 호떡이었다. 시장을 들어오면서 봤던 호떡이 막내의 마음을 흔들어 놓았던 것이다. 호떡의 가격은 한 개에 천 원, 세 개에 이천 원이었다. 막내는 이천 원을 손에 들고 고민에 빠졌다.

　한 개만 사서 혼자 먹자니 조금 비싼 것 같고, 이천 원을 투

자하면 세 개를 살 수 있지만 자기 돈을 다 쓰게 되어 고민을 하는 듯했다. 결국 막내는 언니, 오빠에게 호떡을 사 주기로 하고 이천 원을 투자해 세 개의 호떡을 사기로 했다.

하지만 기다리던 호떡을 받아드는 순간, 또 한 번 고민에 빠졌다. 엄마가 먹을 호떡이 없는 것이었다. 세 개의 호떡을 받아 들면서 난감한 모습을 보이자, 인심 좋고 눈치 빠른 호떡장사 아주머니께서 하나를 덤으로 주셨다. 이천 원으로 호떡 네 개를 얻은 막내는 세상을 다 가진 듯한 밝은 표정으로 나에게 호떡 하나를 내밀며 이렇게 말했다.

"엄마! 오늘 엄청 운이 좋아요!"

덤으로 호떡 한 개를 더 받고 세상을 다 가진 듯한 표정을 짓는 아이의 모습에 나는 마음이 깨끗해지는 기분이 들었고 정말 행복했다.

다음 타자는 큰딸이었다. 평소 찹쌀로 만든 빵을 좋아하는 큰딸의 눈에 할머니들이 좌판을 벌이는 곳 입구에 자리한 도깨비 찹쌀꽈배기가 들어왔던 것이다. 우리는 그곳으로 이동했다. 장날이라 사람도 많았지만 맛있다고 소문 난 꽈배기여서 줄을 서서 기다리는 사람이 많았다.

찹쌀반죽을 빚고 꽈배기를 만들어 끓는 기름에 풍당 집어넣은 후 노릇하게 튀겨 내는 아저씨의 손길을 네 명이서 주욱 줄을 서서 바라보았다. 드디어 우리 차례가 되었다. 가격은 두 개에 천 원이었다.

큰딸은 가지고 있는 이천 원을 모두 쓰지 않고 천 원으로 두 개를 먼저 샀다. 그 순간 동생들은 애가 타기 시작했다. 다 같이 먹을 수 있는 개수가 아니라고 생각했던 것이다. 동생들이 불만을 말하려 하자 큰딸은 나눠 먹을 거라며 이등분을 했고, 기다란 꽈배기를 반절로 나눠 네 명이서 사이좋게 나눠 먹으며 다음 장소로 이동했다.

남은 녀석은 둘째였다. 나는 둘째가 무엇을 고를지 궁금했다. 누나도 동생도 둘째가 무엇을 선택할지 내심 기다리는 눈치였다. 하지만 둘째는 고심 끝에 아무것도 사지 않기로 결정했다. 이유는 자기가 사고 싶은 다른 물건을 사는 데 돈을 보태기 위해서였다. 그러자 누나와 동생의 항의가 빗발치기 시작했다.

"야! 너는 우리 둘한테 다 얻어먹고 너는 안 사 주냐?"

거세게 항의하는 누나의 거친 목소리에도 둘째는 끄떡하지 않았고, 그 사이 첫째가 사 준 맛있는 꽈배기를 다 먹었다. 반절씩만 먹은 탓에 감질이 났는지 첫째는 나머지 돈으로도 꽈배기를 사야겠다며 발걸음을 돌렸다.

또다시 긴 줄을 서서 우리 차례가 되었을 때 엄청 먹고 싶어 하는 아이들을 위해 내가 천 원을 더 내주었고, 우리는 네 개를 살 수 있게 되었다. 그때 한 녀석이 말했다.

"엄마! 아빠 꺼는요!"

그 말을 듣고 있던 꽈배기장사 아저씨가 세 명의 아이들이 조금 전에 와서 줄을 서 있더니 또 와서 기다리는 모습이 인상 깊었는지, 네 개를 넣으려던 봉투에 한 개를 덤으로 더 넣어 주셨다. 호떡 한 개를 덤으로 받았을 때보다 두 배는 더 밝아진 아이들의 표정을 보면서 '재래시장에 오길 정말 잘했구나!' 하는 생각이 들었다.

그렇게 재래시장을 구경하며 간식도 사 먹고 반찬거리를

사 가지고 돌아오는 차 안에서 재래시장을 구경한 소감을 서로 나눠 보았다. 큰딸은 엄마가 이천 원씩 쓸 수 있게 해 줘서 구경이 더 재미있었다고 말했고, 막내는 오늘 호떡과 꽈배기를 하나씩 더 받았다며 운이 엄청 좋은 날이라고 말했다. 하지만 아들은 달랐다.

"엄마! 저는 재래시장 다시는 안 갈래요."

"왜?"

"시장 바닥에 앉아 있는 할머니들이 너무 불쌍해요."

우리는 함께 같은 곳을 다녔지만 서로 다른 것을 본 것이다. 따뜻한 봄이었지만 볕이 없는 그늘은 아직 겨울이었던 싸늘한 시장 바닥에 허름한 옷을 입고 앉아 있는 할머니들이 아들의 가슴을 아프게 한 것이었다.

너무 불쌍해서 눈물이 나려고 했다며 다시는 오고 싶지 않다는 아들에게 뭐라고 말해야 좋을까. 잠시 내 머릿속이 복잡해졌다. 하지만 분명한 것은 재래시장 구경이 우리 가족에게 많은 것을 느끼게 해 주었다는 것이다.

자기의 즐거움만 좇지 않고 힘들어 보이는 사람에게 눈길을 돌려준 아들의 마음이 참 멋있고 자랑스러웠다. 타인을 생각할 줄 아는 이러한 마음이 모두가 함께 행복한 세상을 만들어 가는 좋은 씨앗이 되지 않을까! 복잡해졌던 머리가 다시금 맑아져 왔다.

함께 살기에 아름다운 세상. 우리가 함께 살고 있다는 것을 가장 가까이서 보고 느낄 수 있는 재래시장에 아이들과 꼭 한번 가 보길 권하고 싶다.

엄마 아빠,
고맙습니다

여행은 설렘과 기쁨을 주고 일상에서 벗어나 새로운 기분을 느끼게 해 주는 또 하나의 문이 된다. 하지만 여행을 통해 얻는 즐거움보다 집 안에서 얻는 편안함을 더 좋아하는 사람들도 있다. 바로 우리 남편처럼 말이다.

남편은 몸이 힘든 일을 별로 좋아하지 않는다. 운동도 축구나 탁구 같은 역동적인 운동보다는 가만히 서서 할 수 있는 당구나 골프 같은 운동을 더 좋아한다. 집 안에 가지고 놀 수 있는 장난감이 셀 수 없을 만큼 많아도 집 안보다는 집 밖을 좋아하는 아이들과는 정반대의 성향을 가진 것이다.

사람이 죽어 땅에 묻히면 시간이 흘러 자연 속에 스며든다. 또, 우리가 자연이라 부르는 것들은 빛과 물, 공기가 있어야 살 수 있고 사람 또한 마찬가지다. 아이들이 집 안보다 밖을 더 좋아하는 것도 어쩌면 자연을 닮은 사람들의 천성인지도 모른다.

하지만 어른이 되어 가면서 문명사회가 주는 편안함에 길들여지고 자신의 생각에 따라 자연스럽지 못한 삶을 살기도 하면서 자연을 닮은 천성을 점점 잃어 가고 있는 것이다. 나는 이와 같은 천성을 많이 잃은 한 성인 남자와 천성대로 살아가고 있는 아이들 사이에서 살고 있다.

아이들이 자라 활동 범위가 넓어지면서 우리 가족에게는 점점 더 멀리 움직여야 하는 시기가 찾아왔다. 집 앞 놀이터로 만족되었던 여행이 이제는 차를 타고 몇 시간을 가서 다른 지역에 있는 새로운 것들을 보고 돌아와야 여행다운 여행으로 생각되기 시작한 것이다.

우리 집 식구 중에 여행을 가장 좋아하는 사람은 큰딸이다. 그리고 여행을 가장 힘들어하는 사람은 단연 남편이다. 1박 2일의 여행을 마치고 돌아오는 길에도 남편은 오후라도 쉬고 싶어 집에 빨리 도착하길 바라고, 큰딸은 혹시라도 집에 일찍 도착할까 염려했다.

　이렇게 여행에 대한 열정의 정도가 많이 달랐지만, 남편은 자신만 남겨놓고 네 명이서 어딘가를 다녀오는 것을 늘 서운해한다. 그리고 여행계획서를 가져오면 무조건 함께 가려고 노력한다. 왜냐하면 아이들이 커 갈수록 함께 좋은 추억을 만들 수 있는 시간이 점점 줄어들고 있다는 것을 알기 때문이다.

　이런 배경을 두고 우리 가족은 일 년에 한두 번 잠을 자고 오는 여행을 떠난다. 그리고 여행에 대한 남편의 부담을 최소화시키기 위해 장거리 여행의 운전은 대부분 내가 맡는다. 남편은 군인 시절 부대의 최고 상사의 1호차 운전병으로 복무하면서 긴장된 상태로 힘들게 운전을 배웠다며 운전을 무척 힘들어했다. 반면 나는 운전을 즐기며 하는 편이라 장거리 운전도 그다지 힘들다는 생각이 들지 않았기에 자연스럽게 운전은 내 담당이 되었다.

이렇게 극복해야 하는 여러 가지 난관에도 불구하고 우리는 여행을 떠난다. 집이 아닌 다른 공간에서 온 가족이 함께 추억을 만들 수 있다는 장점 때문이다. 하지만 거리가 멀면 멀수록 여행지에서 하는 것이 많으면 많을수록 추억이 많아지기는 했지만, 동시에 피로감이 높아지는 것은 어쩔 수 없었다.

특히 활동량이 많은 아이들보다 자연의 천성을 잃어 가는 어른들에게 피로감은 더 빨리 그리고 더 많이 찾아오기 마련이다. 게다가 내 집이 아닌 다른 곳에서 잠을 자면 잠도 잘 오지 않을뿐더러 자고 일어나도 개운하지 않다.

그리고 즐거운 추억과 피로감도 함께 가지고 돌아오는 길, 운전자는 다른 가족들보다 조금 더 피로하다. 아이들도 뒷자리에서 잠들고 남편도 옆자리에서 잠들면 나도 잠이 올 때가 많았다. 껌을 씹기도 하고 과자를 먹기도 하면서 장시간 운전을 하고 나면 나도 많이 피곤해진다. 그렇게 운전을 하고 집에 도착하면 남편은 아이들에게 이렇게 말한다.

"얘들아! 엄마가 운전하느라 많이 힘들었잖아. 다리랑 어깨랑 주물러 드리자!"

짐을 모두 정리한 후 씻고 누우면 세 명의 아이들이 달라붙어 온몸을 주물러 댄다. 아이들 손끝에서 전해지는 사랑으로 쌓여 있던 피로감이 물러나고, 그 자리는 물밀 듯이 밀려온 행복감으로 가득 채워진다. 이 경험으로 나는 피로감은 절대 행복감을 이길 수 없다는 것을 알았다.

남편이 장시간 운전한 나의 수고로움을 아이들에게 말하지 않았다면 아이들은 알 수 없었을 것이다. 엄마가 우리보다 더 힘들었을 거란 생각을 하지 못했을 것이고, 부모라면 당연히 해야 하는 일로 여겼을지 모른다.

남편의 말 한마디 덕분에 아이들은 즐거운 여행이지만 누군가는 더 힘들 수 있다는 것을 알게 되었고, 여행지가 어디든 여행을 했다는 것에 감사할 줄 알게 되었다. 그리고 여행에서 돌아오면 이제 우리가 알아서 할 테니 엄마 아빠는 빨리 쉬시라고 말하며 배려도 할 줄 알게 되었다.

주말이 되면 나는 여행으로 기뻐할 아이들과 여행으로 피곤해할 남편을 동시에 떠올린다. 그리고 계획을 세울까 말까 고민하다 관두기를 반복한다. 이런 이유로 우리 가족의 장거리 여행은 일 년에 한두 번밖에 되지 않지만, 아이들은 몇 번 안 되는 장거리 여행에서 여행의 가치와 소중함을 더 많이 배운 듯하다.

우리 가족의 즐거운 여행을 위해 장시간 운전해 준 남편에게 그리고 부인에게 더 많이 고생해 줘서 고맙다고 애썼다고 표현해 준다면, 여행으로 피로해진 몸과 마음이 한순간에 풀어질 것이다. 그리고 아이들은 늘 자신에게 향해 있는 시선을 돌려 자신을 위해 고생한 엄마에게 그리고 아빠에게 고마움을 느낄 수 있을 것이다.

행복한
시간 여행

이 이야기는 여행에 관한 이야기는 아니다. 하지만 여행처럼 일상을 벗어나 아이들에게 색다른 경험을 준 일이었고, 되돌아보니 짧은 시간이었지만 상인의 마음을 경험해 볼 수 있었던 시간 여행으로 남았기에 소개해 본다.

얼마 전 옆 아파트에서 '와글와글 해뜰장터'라는 이름으로 아이들이 물건을 사고팔 수 있는 장터가 열렸다. 몇 달 전 아들이 옆 아파트에서 100원을 주고 떡볶이도 먹고 어묵도 먹고 왔다는 소리를 들은 적이 있었는데, 바로 이 장터가 그 장터였던 것이다.

장터가 열리는 목적은 아이들이 직접 물건을 사고파는 경험을 통해 경제를 몸소 체험해 보고, 쓰지 않던 물건을 저렴한 가격에 팔아 필요한 사람에게 나누는 데 있었다. 또한 아파트 내 주민들이 모였을 때 공동생활에서 지켜야 할 일들을 일깨우는 캠페인을 벌여 함께 더 살기 좋은 공간을 만들기 위한 것이었다.

번뜩 아이디어가 떠올랐다. 아이들이 자라면서 아직 정리하지 못한 여러 가지 물건들도 정리할 겸 장터 판매자로 신청해 보는 것이었다. 아이디어를 제시하자 아이들은 무척 재미있어 했다. 나는 아이들에게 장터가 열리는 날짜를 말해 주며, 그 전까지 자신이 쓰던 물건 중에 잘 안 써서 다른 사람들에게 나누고 싶은 물건들은 모아 판매가격을 붙여서 한쪽에 모아 놓으라고 말해 주었다.

아이들은 일주일 전부터 하나씩 물건을 모으기 시작했다. 큰아이는 평소 좋아하던 책 중에 우연히 두 개씩 생긴 책들을

골라 내놓았고, 할머니가 손뜨개실로 만들어 주신 인형 옷을
설거지 수세미로 활용할 수 있겠다며 내놓았다. 그 밖에도
깨끗하지만 잘 쓰지 않는 학용품과 손수 만든 거울 등을 내놓
았다.

아들은 애지중지 모아 놓았던 100개 정도의 고무딱지와 즐
겨 쓰던 모자 중 작아서 쓰지 못하는 것, 그리고 자신이 용돈
을 모아 산 비비탄 권총 등을 내놓았고, 막내는 가로세로 약
1.5cm 정도 되는 아주 작은 상자 위에 고양이가 한 마리 올
라가 있는 장식품을 비롯해 평소 잘 안 쓰는 머리핀과 학용품
등을 내놓았다.

그리고 나는 아이들 셋이서 함께 사용하던 미니 콩콩이와
자전거를 아이들과 상의 끝에 팔기로 결정했다. 자기 물건이
판매되어 얻은 금액은 본인이 갖기로 했고 콩콩이와 자전거
는 판매금액을 3분의 1씩 나눠서 주기로 했다.

드디어 장터가 열리는 날 아침이 되었다. 장터가 열리는 시
간은 10시부터였고, 판매 장소는 놀이터로 일찍 오는 순서대
로 알아서 골라 앉기로 되어 있었다. 일찍 준비했다고 생각

하며 여유를 갖고 9시 30분 정도에 나갔는데, 벌써 자리가 가득 차 있었다.

우리는 조금 비어 있는 자리를 비집고 들어가 아들과 함께 들고 나간 콩콩이를 가게 뒤편에 세우고 '행복상점'이라고 급하게 이름 지어 만들어 온 종이간판을 그 위에 붙였다. 그리고 자전거를 가게 앞에 세워 두고 '싸고 품질 좋은 가게'라는 문구를 적어 붙여 놓았다.

간판을 세우고 돗자리를 깔고 팔 물건을 정리하고 나니 9시 50분쯤 되었다. 판매는 정확히 10시부터 시작하기로 했고, 물건을 사고팔기 위해 준비하는 아이들의 눈빛은 설렘으로 가득 차 있었다. 드디어 약속한 시간이 되었고, 아이들 사이에서는 매매가 시작되었다.

우리 가족의 행복상점에서 가장 빨리 판매된 것은 콩콩이였다. 판매금액을 얼마로 해야 할지 갈팡질팡하다가 큰아이와 상의 끝에 무겁게 들고 나왔는데 안 팔리면 어떻게 하느냐며 삼천 원으로 하자고 합의하고 적어 놓았더니, 옆에 앉아서 보고 있던 같은 아파트의 아들 친구 엄마가 말했다.

"이거 파는 거예요? 그럼 저 예약이요!"

순간 우리는 처음 느껴 본 기분으로 머릿속이 복잡해졌다.

'좀 더 비싸게 팔 수 있었는데 너무 싸게 적었나?'

이미 팔린 것은 아니지만 지금에라도 판매금액을 높여야 될 것 같은 기분이 강하게 들었다. 그러던 중 또 한 명의 엄마가 뛰어와 말했다.

"이 자전거 파는 거예요? 그럼 저 예약할게요! 얼마에요?"

"저 깊이 생각해 보지 않아서…… ."

"우리 집에 꼭 필요하거든요. 제발 저한테 파세요. 얼마 생각하셨어요?"

"만 원 생각했는데…… ."

"그럼 제가 지금 현금이 없어서요. 바로 계좌 이체할게요. 번호 불러 주세요!"

그러고는 인터넷 뱅킹으로 그 자리에서 만 원을 내 통장에 입금시켰다. 순식간에 두 개의 큰 물건이 눈앞에서 팔렸다. 그리고 이 생각 하나가 내 마음을 어지럽혔다.

'좋은 물건을 너무 싸게 팔았구나!'

내가 그런 생각을 하고 있던 중 우리 행복상점에 꼬마손님들이 오기 시작했고, 아이들은 손님이 물어오는 물건의 가격을 말해 주며 매매를 시작하고 있었다.

물건을 처음 팔아 본 아이들은 쑥스러운 마음에 이야기를 잘 못했고, 나는 그런 아이들을 도와 그 물건에 담긴 사연과 팔게 된 이유를 이야기해 주었다. 아이들은 자기 물건이 팔릴 때마다 돈이 모아지는 것을 기뻐했고, 나는 아이들이 못다 설명한 물건의 가치를 이야기해 주는 즐거움을 누렸다.

그러던 중 한 아이에게 우리의 콩콩이가 눈에 들어왔고, 그 아이는 콩콩이를 사 달라며 엄마에게 떼를 쓰기 시작했다.

"엄마! 나 저거 사 줘!"

아이의 엄마는 나에게 얼마냐고 물었다. 어떻게 대답해야 할지 몰라 우물쭈물하던 내 모습을 바라본 아들이 다급하게 말했다.

"엄마! 내 친구 엄마한테 팔았잖아요!"

그렇다. 팔렸다. 정확히 말하자면 예약되어 있었다. 그러나 내 머릿속에는 더 비싼 가격에 사겠다는 사람이 있으면 팔 수도 있지 않느냐는 생각이 강하게 들었고, 다시 더 비싼 가격으로 팔고 싶은 욕심이 솟아올랐던 것이다.

결국 나는 아들의 말에 아쉬움을 뒤로하고 팔렸다고 말했고, 그 아이는 한참을 콩콩이 앞에 서 있다가 서운한 표정으로 뒤돌아갔다.

그렇게 다시 콩콩이와 자전거 가격에 대한 아쉬운 생각이 다시 떠올라 내 마음을 어지럽게 하고 있을 때쯤 장터 종료시간이 되어 상점을 정리했다. 팔다가 못 판 물건은 지나다니는 아이들에게 나눠 주고는 돗자리와 좌판을 접어 집으로 돌아왔다.

돌아와서 정리를 하고 물건을 팔아 번 돈을 모두 세어 보니 삼만 오천 원가량 되었다. 각자 물건을 팔아 번 돈에 콩콩이와 자전거를 팔아 번 돈을 세 등분으로 나눠 주니 아이들은 각자의 통장에 저금하겠다고 했고, 나가는 길에 은행에 들러 '해뜰장터수입'이라고 기록하여 입금시켰다. 그리고 아이들은 통장에 기록된 또 한 줄의 입금내역을 보며 흐뭇해했다.

그날 저녁 우리는 빙 둘러앉아 각자 물건을 팔아 본 소감을 나누었다. 큰딸은 물건 가격을 정하는 것이 무척 어려웠다며 콩콩이에 대한 아쉬움을 표현했고, 막내는 같은 반 친구가 자기 물건을 많이 사 줬다며 좋아했다. 그리고 아들은 권총이 팔리지 않은 것을 아쉬워했다.

아들이 팔려고 내놓았던 비비탄 권총은 열심히 모아 놓았던 용돈에서 거금 오천 원을 투자해 큰 마음먹고 산 장난감이어서 선뜻 싼 가격에 내놓지 못했다. 고민 끝에 삼천 원에 내놓았는데 꼬마 손님들의 주머니를 열기에는 비싼 가격이었는지 팔리지 않았고, 아들은 그것이 못내 아쉬웠던 것이다.

나 또한 콩콩이와 자전거 덕분에 많은 것을 느낄 수 있었던 하루였다. 처음 물건을 가지고 나갔을 때만 해도 안 팔릴까 염려했던 마음이 서로 가지려 하는 상황으로 바뀌자 순식간에 돌변하여 욕심이 솟아오르는 것을 경험했기 때문이다. 갑작스레 솟아오른 욕심이 아이들로 하여금 경제를 체험하게 하고 안 쓰는 물건을 나누자는 의미로 참가했던 장터의 목적을 까마득히 잊게 만들었던 것이다.

내가 아쉬워하니 아이들도 덩달아 아쉬워했다. 며칠이 지난 후에도 생각날 때마다 아쉬워하는 아이들에게, 나는 이렇게 말했다.

"우리 지나간 일 너무 오래 기억하지 말고, 나눴다는 데 의미를 두자! 누구든지 재미있게 타고 놀면 되지!"

그렇다. 인기가 없었다면 오히려 버리는 데 돈이 들었을 수도 있었던 물건들이다. 하지만 예상치 못한 상황에 목적을 잃고 마음이 복잡해졌던 것이다. 다시 중심을 잡고 나니 마음은 평화를 되찾았다.

중요한 것은 팔린 가격이 아니었다. 우리 아이 셋 모두가 두발 자전거 타는 법을 배우는 동안 우리 가족에게 행복한 추억을 주었던 그 물건이 또 다른 가족에게 행복한 추억을 줄 수 있는 물건으로 남을 수 있다는 것이, 아파트라는 공간에서 잠시라도 신나게 뛸 수 있게 해 주었던 콩콩이가 또 다른 아이에게 기쁨을 주는 물건으로 남을 수 있다는 것이 더 중요하고 의미 있는 일인 것이다.

태어나서 처음 해 본 장사의 경험은 우리에게 잠시나마 상인의 마음을 경험해 볼 수 있었던 시간 여행이 되었다. 그리고 소중한 또 하나의 추억이 되어 온 가족을 행복하게 해 주었다. 우리 가족의 시간 여행에 함께해 주신 모든 분들께 감사드린다.

● 이 책을 끝까지 읽어 주신 독자님들께 ●

정말 고맙습니다.

모든 책을 첫 장부터 마지막 장까지 순서대로 읽는 것은 아니지만, 지금 이 글을 읽고 계신다는 것은 이 책을 읽어 보셨다는 뜻이기에 저에게는 크게 감사할 일이 아닐 수 없습니다.

요즘 아이들이 저희들끼리 놀며 재잘대는 모습을 보다 보면 '지금'이라는 순간이 주는 소중함이 가슴 깊이 밀려오곤 합니다. "지금 이 순간이 다시 올 순 없겠지!" 하면서 말이죠.

이 예쁜 모습을 다시 볼 수 없다고 생각하니 너무 아까워 가슴이 아려 왔습니다. 모든 엄마들이 순간순간 느끼는 감정이기도 하지만 쉽게 잊는 감정이기도 한데요. 제 삶을 돌아보니 피곤하다는 이유로 아이들이 주는 선물을 많이 놓치고 살아왔다는 것을 깨닫게 되었습니다.

이 세상에서 가장 소중한 것은 돈으로 살 수 없는 것이라고 합니다. 돈으로 살 수 없는 사랑하는 가족들과 돈으로 살 수 없는 시간을 함께 보내는 동안 돈으로 살 수 없는 좋은 추억을 많이 만드는 것이 돈으로 살 수 없는 최고의 인생을 만드는 방법이 아닌가 생각합니다.

귀한 시간 좋은 기억들로 채워 가시길 기도하겠습니다.
감사합니다.

안주희 드림

● 정말 고맙습니다 ●

　제일 먼저 이 책의 주인공이 되어 준 사랑하는 지윤이, 지환이, 지아야!

　정말 고맙다. 너희들은 내 인생 최고의 선물이야. 너희 셋이 없는 엄마의 인생은 생각할 수도 없구나. 엄마가 엄마 역할을 잘 해낼 수 있도록 도와줘서 정말 고맙다. 사랑한다.

　그리고 우리 시어머니, 시아버지, 엄마, 아빠!

　건강하게 살아 계셔 주셔서 아이들이 할머니, 할아버지의 정을 느끼며 잘 자라고 있습니다. 네 분이 모두 계셔서 아이들이 더욱 행복하다는 것을 잊지 마시고 건강하게 오래오래

저희 곁에 계셔 주세요. 넘치는 사랑, 늘 감사합니다.

주인공은 마지막에 등장하죠! 마지막으로 우리 신랑!

늘 믿어 주고 응원해 주고 사랑해 줘서 고마워요. 늘 말하지만 내 모습은 당신 덕분에 발전해 가고 있어요. 책이 나오기 까지 좌절하지 않도록 늘 "잘될 거야!"라고 주문처럼 응원해 준 당신에게 정말정말 고맙습니다. 자신감을 잃지 않도록 늘 긍정의 기운을 불어넣어 준 당신! 사랑합니다!

책을 읽다 보면 작가들이 책 말미에 고맙다는 말을 왜 그리 많이 써 놓았는지 이제야 이해가 됩니다. 이 책이 만들어질 수 있도록 도와주신 도서출판 책과나무 양옥매 대표님! 정말 감사드립니다.

처음 해 보는 일로 미숙함이 많은 제 글에 마음을 쏟아 주신 덕분에 또 하나의 꿈을 이룰 수 있었습니다. 처음부터 끝까지 따뜻한 목소리로 격려해 주시고 도와주신 은혜, 잊지 않겠습니다.

그리고 '마음이 따뜻해지는 책, 잘 읽었다'며 정성껏 교정해 주신 조준경 선생님과 내 일처럼 정성을 다해 편집해 주신 표지혜 선생님, 허우주 선생님, 또 인쇄소 관계자분들과 전국 서점에 배포해 주신 택배기사님들을 비롯한 모든 분들, 그리고 책의 재료가 되기 위해 희생된 나무, 그 나무를 잘 자라게 해 준 태양, 바람, 물, 공기 등등 모든 사람, 모든 것에게 감사를 드리고 싶습니다.

정말 고맙습니다.